AF563357

EL ARTE DEL AIKIDO

CLAVES PARA APRENDER A FLUIR EN LA VIDA COTIDIANA

CARMELO RÍOS

www.arte-aikido.guiaburros.es

Diseño de cubierta: © Marta Villarín (EDITATUM)
Maquetación de interior: © EDITATUM
Fotografías de interior: © Marta Villarín

Primera edición: marzo de 2022

ISBN: 978-84-124535-8-4
Depósito Legal: M-34761-2021

IMPRESO EN ESPAÑA/ PRINTED IN SPAIN

Si después de leer este libro, lo ha considerado como útil e interesante, le agradeceríamos que hiciera sobre él una **reseña honesta en cualquier plataforma de opinión** y nos enviara un e-mail a **opiniones@guiaburros.es** para poder, desde la editorial, enviarle **como regalo otro libro de nuestra colección.**

Sobre el autor

Carmelo Ríos es un infatigable viajero y buscador espiritual además de escritor y conferenciante. Es practicante desde hace más de cuarenta años de aikido y otras artes marciales como *kárate do*, *kitaido, shintaido* y la vía del sable, artes de las que es maestro e imparte clases por toda España y algunos países de Europa. Ha sido discípulo directo de grandes maestros y ha profundizado en distintas vías espirituales de Oriente y Occidente como el budismo, el sufismo o las tradiciones esotéricas medievales. Se ha centrado en el estudio de los sonidos sagrados y místicos *—kotokama* y *mantrayana—* como vía de armonización.

Además de impartir cursos y seminarios de sus especialidades, es autor de seis libros.

Agradecimientos

A los maestros Onisaburo Deguchi y Morihei Ueshiba,
con infinita gratitud.

Índice

Capítulo 1

Vida del maestro Morihei Ueshiba, el genio creador del aikido

Morihei Ueshiba, el creador del aikido, nació en Tanabe, una pequeña villa rural al sur de Japón, el 14 de diciembre de 1883. Ya desde muy niño se había sentido muy atraído hacia el mundo espiritual y la comunión con la naturaleza, y aunque débil y enfermizo, se entregaba a largos periodos de entrenamiento y purificación inspirado por el ideal de los antiguos monjes-guerreros de las montañas, los célebres *yamabushi*. Tratando de imitar sus legendarias proezas se forzaba a largas marchas cargado con pesados sacos de arroz, se sumergía bajo las heladas cascadas, meditaba, ayunaba y oraba. Pasaba las noches en el bosque buscando el contacto íntimo con la Madre Naturaleza, con sus energías y fuerzas sutiles, con los seres visibles e invisibles que allí habitan.

Contemplaba extasiado los dramáticos cambios de las estaciones, presintiendo la existencia de una secreta inteligencia subyacente y, preso de un arrebato de amor por la naturaleza, trataba de imitar con su cuerpo la sustentadora fuerza de la tierra, la poderosa energía del viento, el eterno fluir del agua, la magnificencia transformadora del fuego y del poderoso sol, manantial de toda luz y de toda existencia. Presentía que en la belleza, la fuerza y la energía de los árboles hallábase oculto un plano secreto de la estructura oculta del ser humano, pues respiran, crecen y se expanden como nosotros y con potencia se enraízan hacia el suelo mientras se yerguen hacia el cielo buscando con intuitiva sabiduría la luz y la vida.

Esgrimía su *bokutoh* (un pesado sable de madera) a los cuatro vientos trazando con sus gestos aun imprecisos la invisible geometría que intuía en la omnipresente espiral elíptica de las formas simples y naturales. Se unía así, escuchando la música muda de su propia alma, a la danza sempiterna y silenciosa de las estrellas, a los ritos y los ciclos de la vida, a la respiración contractiva y expansiva del cosmos, y sentía palpitar en su interior el ritmo de esa conciencia intangible y fuerza creadora invisible de la naturaleza, santa y venerada.

La trémula rama de bambú que no ofrece resistencia ante el paso del vendaval, pero que se yergue después poderosamente vertical, firme, verde de existencia y sin haber perdido tan siquiera una gota de su preciosa energía. El manantial límpido que se transforma en serpenteante arroyo de montaña y luego en torrente incontrolable que busca con vehemencia, poseído por un extraño designio, la fusión con el gran océano. La hoja que navega libre, feliz y vulnerable sobre la corriente esquivando las poderosas rocas, la rama del pino que cede humilde ante el peso de la nieve y retorna luego fiel a su estado original. La flor del ciruelo, hermosa hasta la ebriedad estética, efímera, perecedera, pero a rebosar de belleza que es preciso atrapar al acaso de una oportunidad única, fueron los verdaderos maestros de Morihei. Todas esas imágenes, todas esas íntimas e incomunicables vivencias quedarían indeleblemente grabadas en su cuerpo, en su memoria, en su alma itinerante de eternidad y en sus sentimientos más profundos, como tesoros de incalculable valor que influirían decisivamente en la posterior creación del aikido.

Los primeros tiempos

Ya de muy joven, Morihei asistía a las secretas escuelas del antiguo *jiu jitsu,* el arte gentil de la defensa sin armas de los samurái, y de *ken jutsu* o el camino de la espada, llegando a ser considerado como uno de los mayores expertos de su época, y aunque su precaria salud y sus continuas recaídas le obligaban a largos periodos de convalecencia, nunca dejaba de entrenar su cuerpo y su espíritu en el escenario de la madre naturaleza, su eterna enfermera.

Con objeto de someterse a las más duras pruebas, se alistó como voluntario en la guerra ruso-japonesa. Sus hechos de armas y hazañas notables, algunas de ellas cercanas a lo sobrenatural, pronto le hicieron muy popular, como esa extraña capacidad psíquica de premonición (*sakki*) que le permitía ver un rayo de luz que marcaba la trayectoria de los proyectiles instantes antes de que el enemigo apretara el gatillo. Esos inexplicables fenómenos metafísicos, aliados a su reputación de traer buena suerte a sus compañeros de armas, le llevaron a ser conocido como el *kami* (dios) de los soldados. Pero la visión de la muerte y del sufrimiento, la percepción del grito desesperado de los heridos y moribundos en el campo de batalla, la injustificada matanza de millares de seres inocentes y el descubrimiento de las verdaderas y muy oscuras causas de la guerra, hizo desistir al joven Ueshiba de su vocación militar.

De regreso a Japón, no habiendo podido asistir al funeral de su padre, Yoroku, y seguramente con el corazón hecho pedazos, volvió sus ojos hacia un enigmático maestro del que había oído hablar en un viaje por el norte del país. Se trataba de Onisaburo Ueda, un excéntrico filósofo, visionario, artista, poeta y místico, extremadamente carismático y muy culto (hablaba varios idiomas, incluido el esperanto) líder de una orden esotérica de origen sintoísta y budista, aunque llena de renovadas enseñanzas y visiones de su fundadora, Nao Deguchi, conocida como Omoto Kyo, del *Gran Principio* o la *Gran Causa.* Ueda contrajo matrimonio con una de las hijas de Nao y adoptó el apellido de la familia Deguchi.

Onisaburo Deguchi era un personaje de carácter muy magnético, un bohemio y verdadero hombre renacentista, cosmopolita, ecologista, músico, calígrafo e instruido en leyes con las que defendía a los campesinos analfabetos que eran estafados y explotados por terratenientes rufianes. Era también un excelente danzarín, cantante, sanador, veterinario, filósofo y librepensador que ya entonces se carteaba con intelectuales y filósofos de toda Europa y era seguidor de Enmanuel Swedemborg y de Peter Deunov.

Tenía un carácter muy alegre, locuaz y perspicaz, era además un bardo que hacía reír y asombraba a cuantos le rodeaban con sus inverosímiles relatos, y un trovador que componía y cantaba sus propias obras.

La personalidad excéntrica y a veces incomprensible de Onisaburo Deguchi era un excelente camuflaje que en realidad encubría y protegía a un verdadero maestro espiritual. Como cabía esperar, fue pronto considerado como un peligroso liberal y tachado de comunista por sus discursos en los que hablaba de reparto equitativo de los dones de la tierra, de abolición de la esclavitud de los trabajadores, de hacer desaparecer la pobreza provocada por las desigualdades sociales, de no violencia, de reconciliación con el enemigo, de libertad espiritual e intelectual, de venerado respeto por la Madre Naturaleza, de la necesidad de una relación directa con el Reino Divino sin necesidad de sacerdotes o de instituciones religiosas, de la instauración futura de un mundo de paz y armonía, ¡pensamientos e ideales que tanto hubieran conmovido a Platón, a Pitágoras, a Sócrates, a Mahatma Gandhi, a Martin Luther King, a Jiddhu Krishnamurti y a Albert Schweitzer!

La Omoto Kyo se opuso a la entrada de Japón en la Segunda Guerra Mundial y al reclutamiento de cientos de miles de padres de familia, de campesinos, de humildes ciudadanos y de jóvenes, y al fanático lavado de cerebro al que eran sometidos con arengas radicales y patrióticas, ideales de "supremacía racial y de mandato divino" y, a menudo, al sádico entrenamiento de los soldados que eran enviados al frente donde morían miserablemente o enloquecían ante los horrores que contemplaban o se veían obligados a perpetrar.

Algunas de sus declaraciones hacen pensar que Onisaburo y su discípulo Morihei se pusieron al lado de los aliados y en contra del Eje, algo que en aquellos años de fanatismo reaccionario puede ser considerado como una forma de suicidio, si bien en una de sus proclamas Deguchi afirmó: *"¡En una guerra entre demonios, Dios no estará en ningún bando!"*. Cuanto más le amaban los campesinos y los pobres, más se hacía impopular entre los poderosos, pues clamaba públicamente que el Emperador no era en lo absoluto la encarnación suprema de la divinidad (¡no más que cualquier ser humano!) y afirmaba proféticamente que si todo continuaba por ese camino de radicalización, Japón provocaría una gran guerra (¡el ataque a Pearl Harbor!), y como consecuencia iniciaría una catástrofe planetaria de desastrosas consecuencias para el país y la humanidad. También hablaba de la inevitable destrucción del país y de la derrota final del Imperio Nipón en una batalla en el Pacífico.

Lógicamente fue declarado sospechoso de traición y enemigo por los fanáticos reaccionarios que pululaban por todas partes, sobre todo en el seno de las grandes universidades de la época, los militaristas radicales, la policía secreta, los corruptos empresarios y políticos que se frotaban las manos ante las perspectivas de futuros negocios que esa nueva oleada de expansionismo les ofrecía.

Le enviaban espías disfrazados de curiosos y de devotos a las sesiones de *chinkon kisshin* ("calmar la mente y retornar al origen", una enseñanza metafísica que se hallaba en el corazón de la Omoto) algo de lo que Onisaburo era ya muy consciente, habiendo predicho esta situación hacía años. Por sus palabras incendiarias y nefastos augurios —que se verificaron rigurosamente exactos— sobre el resultado de la guerra. Deguchi fue finalmente encarcelado acusado de conspiración para derrocar al gobierno y del delito de *lesa majestad*, y puesto en libertad tras el armisticio casi seis años después, según había anunciado: *"El día en que sea liberado, Japón perderá la guerra"*. Seguramente el hecho de tratarse de un personaje muy popular y querido por las clases más humildes evitó que fuera condenado a muerte.

Un mes antes del holocausto de las bombas atómicas, Onisaburo hizo salir a toda prisa a sus devotos de Hiroshima y Nagasaki y profetizó que Japón sería invadido por las fuerzas de ocupación norteamericanas. Otras muchas de sus profecías se cumplieron rigurosamente: auguró el nacimiento de la llamada *Guerra Fría* entre los Estados Unidos y la Unión Soviética, los conflictos de Corea y Vietnam, y los horrores del estalinismo, y, por fortuna, otros esperanzadores augurios sobre la llegada de una Edad de Oro para la humanidad por la encarnación en la Tierra de grandes seres espirituales.

Finalmente, los edificios y templos de la Omoto Kyo fueron destruidos y los seguidores de Deguchi despedidos de sus trabajos, detenidos sin motivo, interrogados brutalmente, encarcelados, acusados sin pruebas de innumerables delitos y su orden religiosa fue definitivamente prohibida.

El despertar del corazón

Si el corazón es impuro, estaréis llenos de tensión interior, de orgullo, de desorden, de confusión, de mil enfermedades físicas, mentales y emocionales. Jamás podréis comprender el aikido si vuestro corazón no se purifica.

Morihei Ueshiba

Onisaburo Deguchi era un ser humano excepcional, un verdadero gurú lleno de sabiduría, de energía positiva, de alegría, de compasión y con un gran sentido del humor, a diferencia del carácter samurái (guerrero) y *hárico* (ventral), avinagrado, imprevisible, explosivo a veces, de Morihei en su juventud y aún en su madurez, como suele ser el de los hombres de armas, pero que fue suavizándose notablemente, expandiéndose y endulzando por la influencia carismática de Deguchi y por el efecto que sobre su mente y su corazón produjeron las enseñanzas y practicas espirituales de la Omoto Kyo.

Con el paso del tiempo Onisaburo Deguchi transmitió a su ejemplar discípulo la visión de un Universo concebido como armonía, danza, música, sonido y ritmo perfectos. Morihei escuchaba extasiado aquellas palabras llenas de redentora certeza, de sublime lógica, de vigorosa experiencia, que le hablaban de la necesidad inevitable de purificar el cuerpo, la mente y el espíritu para lograr la armonización con la mente y el corazón del Universo.

El descubrimiento de esta *Vía del Corazón* (*Kokoro no Michi*) abrió a Morihei un vasto horizonte de posibilidades infinitas, restableciendo en su interior el imprescindible *Puente Dorado en los Cielos* (*Ame no uki ashi*), según la terminología del esoterismo sintoísta, un místico lazo de unión entre la mente y el alma. Presintiendo a su vez las posibilidades futuras de este discípulo excepcional, Deguchi decidió hacerle partícipe de su más secreto plan: organizar una expedición a Mongolia para crear una comunidad ideal, un oasis de paz y cultura espiritual donde sería instaurado un reino de hermandad entre la Humanidad, la Naturaleza y el Universo. En realidad, la expedición tenía por objetivo hallar el mítico reino de *Shambhala,* un paraíso de ciencia mística, paz, belleza, armonía y verdadera espiritualidad del que hablaban las antiguas leyendas y las canciones populares de toda Asia, así como las enseñanzas budistas, las de los sacerdotes chamanes siberianos y mongoles, los hinduistas y taoístas, al igual que la gran tradición occidental; un lugar en el que viviría una comunidad de sabios muy evolucionados.

En un momento tan crucial de la vida de Morihei, estas palabras atravesaron su alma peregrina de conocimiento y anhelante de pura luz. Onisaburo, con otros discípulos partieron hacia Mongolia, llegados aquellas tierras, de las que Onisaburo decía proceder, allí lograron organizar asambleas ante los líderes políticos y religiosos, donde

Onisaburo deslumbraba a todos con la luz de su atrayente personalidad llegando incluso a ser entronizado como un mesías salvador de la humanidad, el esperado Buda Futuro (*Maitreya, Chamba* o *Miroku*), e incluso se trató de instaurar una nueva religión sincrética entre el reinante budismo chamánico lamaísta y las enseñanzas de Onisaburo. Este sincretismo fue bautizado como *Lama Omoto,* en realidad un esperpento que encubría intereses materialistas en un intento de manipulación de los ignorantes y analfabetos campesinos por parte de los monjes budistas y los corruptos políticos.

Numerosas traiciones, delaciones, constantes conspiraciones por parte de los jefes militares, de los jefes de los clanes locales, de los comisarios políticos y los monjes seguidores del lamaísmo, que sometían al pueblo con su magia oscura y sus supersticiones, condenó a la expedición a un trágico final. La mayor parte de sus componentes fueron acusados de espionaje, encarcelados y fusilados e idéntica suerte hubieran tenido ambos si la fuerte presión del gobierno japonés no hubiera intercedido en favor de Deguchi y Morihei. En realidad, fueron indultados y conducidos a la frontera en el último momento para evitar una provocación de un supuestamente justificado golpe de estado de las fuerzas japonesas, en aquel polvorín a punto de explotar de intereses políticos, económicos y religiosos que era la república títere de Manchukuo. Las fotografías de la época muestran a ambos encadenados cuando iban a ser conducidos ante el pelotón de ejecución.

Iluminación

De regreso al Japón, Ueshiba se aisló de nuevo en las montañas para someterse a largos períodos de purificación (*misogi*) escuchando en silencio a la naturaleza, su eterna enfermera e inspiradora. Se sumergía bajo las cascadas (*taki gyo*), se entregaba a largos periodos de ascetismo (*shugyo*) de ayuno y meditación, y a un espartano entrenamiento marcial, tan intenso que estuvo a punto de causar su muerte. Obsesionado por la idea de purificación del cuerpo físico, etérico y mental de la que tanto le hablaba Deguchi, pasaba las noches en oración, repitiendo incansablemente las antiguas letanías *norito* o los *sutras* del budismo Shingon, a veces sumergido hasta la cintura en agua fría (*sui gyo*), junto a las practicas esotéricas que le fueran transmitidas por Onisaburo Deguchi. Entraba así en contacto con los *kamis,* los espíritus vivientes, invisibles e inaudibles para la mente mortal, pero omnipresentes en los planos etéricos, y la naturaleza, eternamente enamorada de los hombres despiertos y mansos de corazón, le revelaba sus secretos designios y sus más arcanos misterios. Es evidente que Morihei entró en aquella etapa de su existencia en contacto con *seiki,* la sutil energía de inteligencia que subyace bajo las formas orgánicas y visibles de la naturaleza y que mueve el Universo y los mundos, dentro y fuera de su ser, con ese *eterno fluir de la energía hacia la Unidad,* y que la *presencia de lo Inefable* se encarnó ya entonces en él, presagiando augurios de despertar, de liberación y de iluminación. Y fue así como para él llegó también la hora del dorado amanecer, aquella que sigue a las más oscuras.

Un oficial de la marina, experto en el arte de la espada llegó a la villa de Tanabe atraído por la reputación de hombre invencible de Morihei y por la extraña eficacia de su nuevo arte, el *Ueshiba ryu,* más tarde conocido como aikido, de la que se hablaba tanto en el mundo de las artes marciales de la época. Tras interrogarle acerca de sus ideas y concepciones marciales, no quedó satisfecho, tal vez porque *o sensei* le habló de la ciencia de *kototama,* de los *kamis* y los *mikotos,* los dioses creadores mayores y menores del panteón sintoísta, y de elevados principios mezclados con técnicas marciales. Es evidente que el espadachín no entendió absolutamente nada de lo que escuchó, y que perplejo y seguramente muy herido en su orgullo guerrero, retó a *o sensei* a un combate singular como era normal en aquella época. La escena nos es relatada por Mitsuji Saotome, uno de sus más ilustres discípulos, en su remarcable obra *Aikido o la Armonía de la Naturaleza:*

> "Salieron juntos al jardín. El visitante iba armado con una *katana* (sable japonés tradicional), Ueshiba con las manos vacías. El *kendoka* se puso en guardia. Su hoja brillaba bajo el sol y Ueshiba aguardaba tranquilamente frente a él. Permanecieron largo tiempo en esta posición. El sudor comenzó a inundar la frente del espadachín y, más tarde, a recorrer su rostro con lágrimas. No se movieron. *O sensei,* calmado y desapegado, vigilante pero sin manifestar espera alguna, reflejaba simplemente al hombre y al arma que se mantenían frente a él. Cinco, siete, diez minutos transcurrieron. Agotado por la visión insostenible y por la lucha por intentar atacar al Universo mismo, el maestro de *kendo* se rindió...".

Transcurridos aquellos eternos instantes en los que Morihei estuvo una vez más al borde del abismo, se dirigió hacia una pequeña fuente en el jardín, como era su costumbre, para beber agua y enjuagarse el rostro. De repente le fue imposible avanzar o retroceder, un calor intenso que hacía transpirar abundantemente su rostro, le invadió...

> "Tuve la sensación —relataría más tarde— de que el Universo entero entraba en vibración y que una energía espiritual color dorado se elevaba de la tierra transformándolo todo en un cuerpo de luz. En ese mismo momento mi cuerpo y mi espíritu se iluminaron. Entendí entonces el lenguaje de los pájaros y tuve una clara conciencia del pensamiento de Dios, creador del Universo. Lágrimas de felicidad sin fin rodaron por mis mejillas".

Aikido espiritual

Quiero que la gente escuche atenta a la voz del aikido. No es para cambiar a los demás, es para cambiar vuestra propia mente. Esa es la misión del aikido y debería ser vuestra misión.

Morihei Ueshiba

Tras esta experiencia de iluminación, de despertar o de *recuerdo* de su verdadera naturaleza diamantina, Morihei afirmó haber *muerto a su personalidad efímera* y olvidado absolutamente todas las técnicas marciales que había aprendido a lo largo de su vida. De ese instante santo de infinitud o de consciencia cósmica nació el aikido, un camino de liberación despojado de cualquier forma de violencia, de ideas de victoria o derrota, resucitado y vuelto a la vida como una vía espiritual adaptada a las necesidades del ser humano. Aikido es por tanto una carta de navegación para al náufrago que llevamos dentro y que es preciso saber leer, interpretar y poner en práctica en la vida de cada día, con los ojos, los brazos, las manos, la mente y el corazón bien despiertos abiertos y dispuestos.

> "El Arte de la Paz emanó de esa divina forma y el divino corazón de la existencia; refleja la naturaleza verdadera, buena, bella y absoluta de la creación y la esencia de su gran designio esencial. El propósito del *Arte de la Paz* es conformar seres humanos sinceros, un ser humano sincero es quien ha unificado su cuerpo y su espíritu, quien está libre de vacilación y de duda, y el que entiende el poder de las palabras".
>
> Morihei Ueshiba

Durante el resto de su existencia Morihei seguiría practicando los ejercicios esotéricos de la Omoto Kyo, particularmente la ciencia sagrada de los sonidos místicos y la meditación expansiva, tal como le fueran transmitidos por su iniciador. Y a pesar de que varias generaciones de instructores de aikido han dado la espalda o simplemente no han comprendido el valor de la poderosa presencia en el aikido de las enseñanzas espirituales y metafísicas de la Omoto Kyo, debemos hacer justicia a la muy positiva influencia de Onisaburo Deguchi en la vida y la obra de

Morihei Ueshiba y como consecuencia del aikido. No podemos olvidar que fue Onisaburo quién inspiró en Morihei la idea de crear una forma visible, un arte que permitiera expresar con el cuerpo y la mente las enseñanzas sagradas, fundamentado en la ciencia esotérica muy antigua del *kototama* —los sonidos del alma— y en las técnicas de meditación, oración y curación conocidas como *chinkon kisshin,* que impregnaron el aikido de un maravilloso, santo, —y muy añorado— aroma de verdadera espiritualidad, compasión, libertad física y espiritual, belleza, alegría e idealismo práctico.

En la actualidad y para gran fortuna del mensaje de *O sensei,* hasta las organizaciones más conservadoras del aikido mundial experimentan un tibio retorno a las enseñanzas espirituales de Morihei Ueshiba, tal vez debido a que pierden un gran número de estudiantes e instructores que abandonan la práctica simplemente física, a veces mecanicista y clónica, no encontrando o no sabiendo buscar adecuadamente un trasfondo filosófico, metafísico y profundamente espiritual adaptable al ser humano en la era actual del verdadero aikido del que hablan los textos, las enseñanzas, las imágenes, los poemas y los *Cantos del Camino* de *O sensei.*

Podemos afirmar con solemnidad tras muchos años de estudio y práctica de aikido e investigación en la vida y la obra de Morihei Ueshiba y de Onisaburo Deguchi, que la filosofía panteísta y la profunda metafísica del aikido son en realidad una explicación o expresión visible de los grandes principios y postulados de la Omoto Kyo y de las enseñanzas emanadas del alma inmensa de su maestro, Onisaburo Deguchi, y que el camino real del aikido es ciertamente una escuela espiritual, moral y metafísica que posee todos y cada uno de los elementos necesarios para ser considerada una verdadera vía de iluminación y liberación. Debemos hacer hincapié en el hecho de que solo los fanáticos o los muy ignorantes —que tan a menudo caminan de la mano— pueden afirmar que la vía de la liberación puede alcanzarse por el camino de una práctica exclusivamente corporal o física, como pretenden algunos gurús del yoga moderno, sin darse cuenta de que estas prácticas, ya sean las técnicas marciales propias del aikido u otras artes marciales similares, o las *asanas* y *pranayamas* básicos del yoga, son etapas preliminares y superficiales que simplemente preparan los diferentes cuerpos, físico, etérico y mental, para ulteriores, mucho más avanzadas y profundas técnicas.

Es revelador el hecho de que algunos de los grandes discípulos de Morihei y de Onisaburo, que como consecuencia de su influencia dieron nacimiento a escuelas y sistemas de pensamiento, de nutrición, de sanación, de educación o de lo que hoy se conoce como ecologismo y desarrollo sostenible, no practicaron o lo hicieron por muy poco tiempo aikido *visible,* pero se impregnaron hasta lo más hondo de su idealismo, de su armonía, de su belleza, de su compasión, de su alegría, de sus enseñanzas profundamente filosóficas, espirituales e *invisibles.*

Aikido, la danza de la vida

A decir verdad existe un abismo entre las enseñanzas de Morihei Ueshiba, pletóricas de ideales de pacificación y de armonía con la naturaleza, y el mundo excesivamente tangible e incluso materialista del aikido actual, con cuanta frecuencia institucionalizado, beligerante, ambiguo, radicalizado a veces y contradictorio siempre, desposeído de su libertad y creatividad fundamentales, alejado del manantial original de la infinita libertad de *aiki*. Pero es igualmente cierto que existen cada vez más grupos e instructores, y sobre todo estudiantes en todo el mundo, que se mantienen fieles al mensaje de *O sensei* y que investigan seriamente en sus orígenes espirituales. Esta sequedad del aikido actual se soluciona fácilmente si se añade a la práctica *visible* e ígnea un componente invisible de agua, y se reconstruye así el *Puente Dorado* del que hablaba Morihei, hecho de compasión, de belleza, de libertad, de fluidez, de transparencia de pensamientos, de palabras, de sentimientos y de actos en acuerdo con el ideal mismo de los maestros que constantemente expresaban Morihei Ueshiba y su genio inspirador, Onisaburo Deguchi.

En la actualidad, y para bien del mundo del aikido y de las artes marciales en general, son muchos los estudiantes e instructores cultos, intelectualmente libres y bien informados, quienes vuelven a dirigir la mirada hacia las enseñanzas espirituales de la Omoto Kyo, pues su metafísica se encuentra en el trasfondo del aikido. En la difícil era actual, las enseñanzas del aikido espiritual o iniciático pueden ser excelentemente aplicadas a las necesidades cruciales y graves problemas del ser humano como una filosofía de vida, purificadora, pacifista, naturalista, ecologista y muy adaptable al cotidiano vivir, ahora más que nunca necesarias ante el panorama inquietante del mundo actual.

Aunque la mayoría de las prácticas esotéricas de la Omoto Kyo que influyeron decisivamente en la creación del aikido se hayan prácticamente extinguidas o han sido eliminadas de la práctica convencional, son no obstante accesibles a los verdaderos aspirantes y discípulos que demuestran poseer una intención clara y una mente positiva aunada a los más nobles sentimientos de compasión y de servicio altruista. Para alegría de los sinceros buscadores, sepamos que estas sagradas enseñanzas del aikido esotérico y espiritual sobreviven en el seno de ciertas escuelas muy discretas o prácticamente desconocidas por el gran público a menudo consideradas como heréticas o disidentes. Precisamente este sentido trascendental del aikido adaptado a nuestra vida de cada día es el que esta obra va a tratar de esclarecer y resucitar de entre los escombros y las cenizas de las luchas de sistemas, organizaciones e instructores que continuamente asolan y amenazan con la destrucción del alma del aikido.

> "Las técnicas emplean cuatro cualidades que reflejan la naturaleza de nuestro mundo. Según las circunstancias, debes ser: duro como el diamante, flexible como el sauce, de suave fluir como el agua, y tan vacío como el espacio".
>
> Morihei Ueshiba

Tras la ocupación aliada del Japón y la firma del armisticio, los edificios, bibliotecas, templos y propiedades de la Omoto les fueron devueltos si bien totalmente destruidos, y solo recientemente el gobierno japonés ha pedido perdón a la Omoto Kyo y a sus herederos y descendientes, pues todo el llamado "incidente Omoto" puede ser considerado un abominable crimen de estado.

La firmeza en la verdad, la coherencia, la rectitud, la bondad y la sabiduría de Onisaburo y de Morihei Ueshiba no pasaron desapercibidas a los responsables de la ocupación, y como anécdota diremos que si bien todas las artes marciales fueron totalmente prohibidas en aquella época, fue el aikido el primero en ser liberado de la proscripción, pues a lo largo de la monstruosa contienda tanto Onisaburo como Morihei no cesaron de hablar de reconciliación con el enemigo, de la aplicación del espíritu de la paz y de la fuerza del amor.

> "Cuando practicamos bien, generamos luz (sabiduría) y calor (compasión). Estos elementos activan el Cielo y la Tierra, el Sol y la Luna; son las manifestaciones sutiles del Agua y del Fuego. Unifica las esferas material y espiritual y eso te permitirá devenir verdaderamente valiente, sabio, amante y empático".
>
> Morihei Ueshiba

Tras sucesivas experiencias interiores de despertar o *recuerdo* de su verdadera naturaleza divina, Morihei, que era un gran experto en numerosas vías caballerescas y heredero de varios *koryu* o escuelas clásicas, despojó sus extensos conocimientos en materia de artes marciales de cualquier forma de violencia, de enfrentamiento y de destrucción, y creó un arte de no violencia activa, de empatía y de armonización con la naturaleza que con el paso de los años llegó a ser conocido como aikido.

La palabra japonesa *ai* traduciría el concepto de *unidad,* de interrelación, de ósmosis, de empatía. En el arte del aikido se intenta crear la armonía a parir del caos. Para los verdaderos maestros de aikido, la fuerza invisible, el pulso interior, la sutil música que rige el devenir de los astros en la bóveda celestial, que mantiene igualmente cohesionados los átomos de nuestra propia estructura microcósmica, que genera los ciclos, los ritos y los ritmos de la vida, corresponde al fluir eterno del *ki,* de la energía que nos da la vida, el movimiento y el ser.

La inclusión, la armonía con los ritmos secretos de la vida, la intuición de un eterno fluir de la energía a nuestro alrededor y en nosotros mismos constituye el sentido profundo de la práctica visible e invisible en aikido. Esto explicaría las decisivas transformaciones que en poco tiempo experimentan sus practicantes. Los estudiantes devienen más calmados, más expandidos, recuperan la alegría de vivir pues se sienten más libres física, psicológica y espiritualmente. Según la calidad de la forma de entrenamiento —que en gran medida depende de la expansión de la mente y del corazón del buen instructor y de su propio trabajo personal— se observan en ocasiones drásticos cambios en el carácter de los alumnos, así como una necesidad de expresar aquello que aprenden, a menudo inconscientemente, en sus vidas de cada día. Es natural encontrar estudiantes de aikido en organizaciones no gubernamentales, en proyectos de desarrollo sostenible, en grupos ecologistas, educacionales, culturales, o en cualquier lugar donde se exalten los más elevados valores humanos. Tal vez se deba a que *algo* en nosotros —como le ocurrió a Terry Dobson en su primer encuentro con el aikido— comprende claramente *que es así como debe ser.*

En la práctica del aikido el adversario —espejo, sombra de uno mismo, como diría Jung— es atraído literalmente hacia el *vacío* dejado por nuestra *ausencia* (*tai sabaki*), a un verdadero vórtice o torbellino de energía en espiral, revelado por medio de una dinámica de gestos precisos y despojados de toda violencia. Como *O sensei* nos enseñó:

> "La técnica del aikido se organiza alrededor de un movimiento circular, puesto que todo conflicto se resuelve a través del espíritu del círculo. El círculo engloba al espacio y es de la perfecta libertad de ese vacío que nace el *ki.* Es a partir de ese círculo que los procesos de creación son unidos por el espíritu del Universo sin límites. El espíritu es el creador, el hombre eterno, insuflando vida a todas las cosas ... En el interior del círculo el *ki* del Universo es dirigido hacia el proceso de creación, de evolución, de protección".

Ki, la energía primordial

El *ki* es la energía o vibración sutil que anima y crea todas las formas de existencia, y a pesar del aura de misterio que a menudo la envuelve, es lo más evidente sobre esta tierra. Vivimos literalmente sumergidos en un *océano de ki.* La ciencia comprende ahora algo que los sabios de la antigüedad ya conocían: que la materia no es sino un sonido, una vibración. Pero especulando hasta lo infinito, intuyen que esa materia no es otra cosa que luz o sonido cristalizado. Pitágoras, hace más de 2 500 años afirmaba que una piedra era en realidad *música petrificada.*

O sensei escribió:

> "En el principio fue la fuerza original que llamamos *ki.* Esa fuerza original se manifestó por un sonido y creó el mundo en que vivimos. Como consecuencia, nuestras vidas son una parte del Universo, y cada uno de nosotros, hasta el más débil, posee una fuerza interna muy grande que le fue dada en su nacimiento".

Los sabios y los instructores de yoga, meditación, o de artes marciales nos aconsejan ser extremadamente cautos a la hora de adentrarnos en las técnicas que favorecen el desarrollo del *ki* o *prana,* y no dejan de insistir en el hecho de que la energía, el *ki, chi* o *prana,* es absolutamente *neutral,* totalmente *impersonal,* como la luz o la electricidad, ya que nutrirá nuestras tendencias e inercias, al igual que el sol puede hacer crecer una flor de loto o de opio.

Un antiguo axioma hermético nos dice que la *energía sigue al pensamiento,* y por ello, si deseamos entrar en contacto con la fuente del *ki,* debemos observar cuidadosamente la calidad de nuestros pensamientos, palabras y actos, encontrar el núcleo de donde surgen, y comprobar si estos manan de nuestro amor, de la compasión y de la alegría, o de nuestros traumas, deseos, ambiciones o miedos, con todas sus positivas o fatídicas consecuencias. A ese respecto, diremos que algunos de los libros publicados sobre las técnicas del *pranayama* (los antiguos métodos para absorber la energía del *ki* o *prana* por medio de la respiración) pueden ser muy nocivos, pues raramente advierten a los estudiantes acerca de los riesgos derivados de una indiscriminada práctica. No olvidemos que trabajar con la energía del *ki* sin un guía que conozca la ciencia del uso de la energía y la anatomía esotérica del cuerpo humano, es literalmente *jugar con fuego.*

Por otra parte, las técnicas propias de aikido y de otras vías que incorporan numerosos ejercicios respiratorios, hacen desarrollar muy rápidamente una gran cantidad de *ki hárico* o ventral, es decir, sobre alimentan por una simple ley de gravedad los centros inferiores, y si no existe una conducta elevada guiada por grandes valores humanos, compasión, no violencia, desapego y ecuanimidad, veremos aparecer síntomas de una exacerbación de nuestros defectos de carácter, de nuestras pasiones dominantes. Los maestros nos previenen acerca de los numerosos riesgos que conllevan ciertas prácticas respiratorias cuando no se han superado etapas anteriores que marcan el sendero del discipulado.

Contrariamente a lo que enseñan numerosas profesores y publicaciones, sobre todo las provenientes de la mezcolanza *new age,* que rara vez advierten de los peligros subyacentes a ciertas prácticas espirituales, sepamos que el *ki* puede expresarse de dos formas bien distintas: como *tariki,* el *ki* creativo, pacífico, alegre, expansivo, inclusivo y fluido, que surge desde el corazón, o el *yoriki,* el *ki* nefasto, destructivo, egocéntrico, competitivo, impetuoso, individualista, tendente a la agresividad e incluso a la violencia. Este es el *ki* del *hara* con todas sus nefastas y previsibles consecuencias.

Precisamente ese tipo de *ki* negativo, anclado en el *hara* es el que desarrollaban muchos guerreros samurái, y por desgracia una gran mayoría de practicantes de artes marciales que no han tenido la fortuna de ser instruidos por un profesor compasivo, pacífico y sabio.

> "El secreto del aikido es armonizarse con el movimiento mismo del Universo. Aquel que ha descubierto el secreto del aikido tiene el Universo en sí mismo y puede decir ¡yo soy el Universo!".
>
> Morihei Ueshiba

Inspirándose en las enseñanzas de Omoto Kyo y del sintoísmo esotérico, Morihei Ueshiba también concibió ese eterno fluir de la energía como *kannagara no michi,* el *"diseño Divino o el plan de Dios"* expresándose en lo tangible y en lo orgánico como un flujo de la fuerza creativa que une el pasado con el futuro, que recorre el espacio y crea infinitas formas de vida en todas las dimensiones y planos de existencia y consciencia, pues donde hay vida habrá consciencia, y donde haya consciencia habrá recuerdo y anhelo de retorno al origen. Para Saotome Sensei:

> "*Kannagara* es una vía de perfección que no comporta doctrinas del bien ni del mal. Una vía que encuentra la verdad y la realidad divinas, sin cesar en la búsqueda de formas cada vez más perfectas de existencia. *Kannagara* es un camino de libertad suprema".

En aikido tratamos de integrarnos, fluir, incluirnos en el *kannagara,* sentir, comprender y hacernos uno con la mente, el corazón y el movimiento mismo de Universo. Pero el ser humano debe antes liberarse de numerosas tensiones y bloqueos físicos, emocionales y mentales, procedentes de creencias sin experiencia, de herencias e injertos sociales, educacionales, culturales, de ideas preconcebidas, de límites o de fronteras erigidas por la educación religiosa basada en el temor y la culpa, en el uso de la memoria en lugar de la experiencia personal, el discernimiento y la inteligencia, o la trasmisión de falsos valores humanos primitivos como la territorialidad, la competitividad, la supervivencia, la hegemonía en la manada o el clan, y no de la razón pura, la cooperación, el amor altruista y la no violencia del pensamiento, de la palabra y del acto.

Los primeros tiempos en la práctica del aikido deben ser consagrados a una dinámica de purificación (*misogi*) y de liberación del cuerpo y de la mente, para que el *ki,* la energía vital, pueda circular libremente sin obstáculos.

Nuestros temores, ambiciones, culpabilidades, deseos, frustraciones, obsesiones, egoísmos, traumas, amores, desamores, orgullos y odios contractan, colapsan, enferman, enquistan y finalmente *matan algo en nosotros,* tanto física como psíquica y espiritualmente. André Nocquet, maestro de aikido y alumno directo de *O sensei,* añadiría:

> "Cuando la fuerza original, el *ki,* penetra y anima un cuerpo, exige dirigirlo plenamente. Exige también una capitulación completa del yo y el control de nuestras facultades intelectuales. Exige que el cuerpo se someta a ella misma. Reclama los talentos de virtuosismo técnico y las capacidades del cuerpo que va a utilizar para protegerlo. Quiere utilizar la habilidad total de aquel en quien ha penetrado. Para ella, la mente, el yo, es un obstáculo".

Para *O sensei*, ai, la armonía, debía ser alcanzada en un cierto grado antes de que la energía, el *ki,* fluyera con naturalidad. *Ai* significaba para el descubridor del aikido ante todo *amor,* pero el amor al que continuamente hacía referencia en sus magistrales e irrepetibles sesiones de práctica, en sus escritos, en sus poemas, en sus caligrafías y sobre todo con su ejemplo, no era el simple amor humano, hecho a menudo de temor, deseo y apego, ese amor que sufre o que hace sufrir, si no al amor expandido, creativo, desapegado y poderosamente vital.

A pesar de existir de forma continua en nosotros y a nuestro alrededor, la energía del *ki* puede expresarse de maneras extraordinariamente poderosas en circunstancias particulares, a menudo tras momentos críticos o de gran tensión que nos conducen a un abandono o capitulación total del sentido del yo. Cuando todos nuestros discursos internos y externos, nuestros recursos y habilidades físicas, morales, emocionales e intelectuales han resultado estériles, nos abandonamos al eterno fluir de la energía de vida y de conciencia (*seiki*) y ponemos nuestras existencias en manos de la *inteligencia de la vida,* entonces, el gesto preciso, la solución natural, la actitud correcta, el conocimiento intuitivo o el poder supra físico se manifiestan en nosotros de forma casi milagrosa.

El ideograma japonés *kami,* lejanamente traducible como Dios, está formado por dos ideogramas *fuego y agua.* De la interacción de ambos elementos cósmicos surge el *prana* o *ki* (literalmente: *vapor de agua*). Es la energía de consciencia y de vida resultante de la fricción amorosa y armoniosa de *Purusha* —el padre-fuego cósmico o espíritu puro— y de la madre *Prakriti,* la naturaleza, que no solamente está formada por el reino mineral, vegetal, animal y humano, sino por todo el universo tangible e intangible que nos circunda, las galaxias, las constelaciones, los astros, los planetas, los soles y el infinito espacio. Este ideograma incluye en su interior otra palabra muy reveladora, *hikari:* luz.

En el *dojo,* que no es un lugar sino un espacio y un tiempo sagrados donde se aprende la vía, y en la vida de cada día, el seguidor fiel del sendero purificador y reconciliador de *aiki* se sitúa a sí mismo en el centro del universo, pero también los demás lo están. De la interacción pacífica del que asume la función activa, *uke*-fuego, con —y no contra— el que adopta la expresión pasiva de *tori*-agua, surge el fluir y la expresión del *ki*-luz y de esta forma la armonía divina (*ai*) es restablecida, conduciendo a ambos a una reconciliación con el universo. Así, cada técnica, cada forma visible, recrea constantemente en lo invisible el secreto designio del aikido y del plan divino.

Aquel que asume el papel activo (*uke*) aprende el sentido profundo de la capitulación, de la adaptación, de la entrega, del abandono de sí mismo, de la rendición total; en resumen, es el arte de la no resistencia, de la no reacción que los filósofos taoístas llaman *wu wei* y el aikido, *muteido.* Tras cada *ukemi* (caída, adaptación, proyección) este se recicla a sí mismo sin dolor y sin sufrimiento. Cada ser es único en ese espacio microcósmico, todo actúa como el universo mismo en virtud de una búsqueda de redención, de purificación, reconciliación, de recuperación de la armonía perdida, pero presentida, intuida y, a través del cuerpo, revelada. En esos momentos de música perfecta, todo ocurre *tal como debe ser* y para *O sensei: esos instantes de verdad solo contienen el vacío.*

El arte del aikido

Los extraordinarios descubrimientos en el campo de la física cuántica, nos sugieren que existimos como un centro vibrante de ondas que extiende su influencia hasta los confines del tiempo y del espacio. Para los científicos visionarios, tanto como para los maestros espirituales, el hombre es un microcosmos, un universo en miniatura, *un dios que se ignora a sí mismo.*

Básicamente, el universo es un mecanismo de respuesta y todo proceso real de aprendizaje debería ser considerado desde un punto de vista de *remembranza,* en el sentido en que Pitágoras o Sócrates con su famosa *mayéutica* concebían el aprendizaje: *recordar lo que ya sabemos y ser lo que ya somos.* Desde un punto de vista verdaderamente espiritual, el ser humano no es un ignorante sino un ser *amnésico* de su verdadera naturaleza, de su herencia cósmica, de su origen estelar y de su grandeza divina.

El arte del aikido no nos insta a sentarnos frente a un muro buscando una liberación individual, sino a adentrarnos en el gran escenario de la vida con los ojos y los brazos bien abiertos, permitiendo que la experiencia y la vivencia interna se fundan, se mezclen o se filtren en nuestro mundo de cada día. Purificar nuestra mente y aclarar nuestra visión de mundo es el objetivo fundamental del aikido, poseer una conciencia esclarecida o transparente y un corazón amante, ser igual a un cristalino arroyo de montaña que busca su reencuentro con el gran océano. El camino del aikido es el de una vivencia diaria que refina, explica, pacifica y purifica la calidad de la existencia, es una responsabilidad espiritual y moral con la vida, aceptada con alegría, amor y libertad.

> "El *satori* (el despertar espiritual) no se obtiene quedándose sentado meditando egoístamente. Solo puede nacer de un sentimiento de gratitud hacia la creación, de un respeto hacia todas las formas de vida, de un retorno a la modestia. El verdadero *satori* consiste en olvidarse del *satori* y librarse del egoísmo".
>
> Mitsuji Saotome

El final del principio

El camino del guerrero debe manifestar el amor divino, un espíritu que abraza y nutre todas las cosas.

Morihei Ueshiba

El 26 de abril de 1969, *O sensei* Morihei Ueshiba pasó a un plano superior de conciencia tras una larga enfermedad a la edad de 86 años.

Hasta el último momento acudía al *dojo* para practicar y transmitir su amado arte de la paz, pues sabía desde el fondo de su alma que el aikido podía cambiar el mundo, pues transformaba por medio de una secreta alquimia interior, el cuerpo, la mente y el corazón de aquellos que se entregaban a su danza de energía. Allí sus discípulos veían a un anciano consumido por la enfermedad recuperar sus fuerzas sobrehumanas o sobrenaturales y proyectarlas a distancias inconcebibles, o corregir tiernamente a los niños: *es así como debe hacerse,* le oían musitar sonriendo. Su amor y su respeto por la vida, su visión del ser humano en armonía con el universo, su compasión profunda hacia todos los seres, legaron un tesoro de incalculable valor para las generaciones futuras.

Más allá de las formas visibles o tangibles, la herencia espiritual y trascendental de *O sensei* y de sus maestros, constituyen el secreto mismo del aikido. Él nos reveló el camino con estas palabras:

> "El secreto del aikido es armonizarse con el movimiento mismo del universo. Aquel que ha descubierto el secreto del aikido tiene el universo en sí mismo y puede decir ¡yo soy el universo!".

Por fortuna, los verdaderos maestros de aikido siguen siendo las leyes y principios de la naturaleza santa y amada: el serpenteante arroyo de la montaña que busca vehementemente la comunión, el retorno y el éxtasis con el océano. La hoja que cede y se mantiene fiel a su íntimo designio ante el peso de la nieve. La brizna de hierba que se dobla y deja pasar el vendaval, y se erige de nuevo, fresca, verde, viva y poderosamente vertical, sin haber perdido una pequeña parcela de su energía. El sutil, deletéreo y armónico movimiento de las estrellas y las órbitas de los astros. El oleaje del mar… estos son los constantes, verdaderos y únicos maestros del aikido.

"El espíritu del aikido es la salvaguarda del amor. El aikido es una brújula para construir el edificio de este mundo, una construcción natural que demuestra la razón de los fenómenos de la naturaleza y del espíritu. Aikido es el universo. Es una cuestión de corazón".

Morihei Ueshiba

Caligrafía de Morihei Ueshiba "Yo soy el Universo"

Capítulo 2

Aikido y meditación

En el proceso de liberar la mente y expandir la consciencia con todas sus positivas consecuencias, es muy importante e incluso inevitable, que tarde o temprano emprendamos una práctica de meditación cotidiana, y allí radica la diferencia entre escuelas, sistemas y profesores, precisamente en el hecho de que estos practiquen o no la ciencia de la meditación. No cesaremos de repetir que la energía, el *ki,* es absolutamente neutral, totalmente impersonal, y que alimenta y hace crecer lo que hay más relevante en la mente y en el cuerpo, al igual que la luz del sol nutre y permite desarrollarse por igual una planta de apio o de opio. El uso de las técnicas que favorecen el desarrollo del *ki* o *prana,* y el aikido es una de ellas, puede servir para acentuar nuestras tendencias de selección natural o de supervivencia, egocéntricas y brutales, o exaltar las experiencias espirituales, la elevación y expansión de la consciencia, interiorizándola y vivificándola mediante la meditación.

Aikido, zen y meditación

A veces se tiende a vincular los orígenes del aikido con sistemas de meditación como el zen, sin embargo no tuvieron relación alguna en su comienzo, si bien algunos de los discípulos de Morihei eran practicantes de esta forma de meditación. Por su parte, Morihei Ueshiba no apreciaba en absoluto el zen en la forma en que era practicado y enseñado en su época, ya que esta filosofía basada en la meditación para alcanzar el silencio de la mente había sido astutamente manipulada por los intereses nacionalistas japoneses de dominación y de expansionismo.

La idea budista de la vacuidad (*sunyata*), mal entendida y peor aún aplicada, fue utilizada ya en la época de los samuráis para generar una suerte de existencialismo y de estoicismo, que generaba indiferencia ante las acciones salvajes de los guerreros y una frialdad de corazón ante el sufrimiento de los seres, algo que se oponía rotundamente al pensamiento budista. Esta idea fue manipulada a conciencia igualmente en posteriores tiempos como una estratagema para fomentar el ideal del sacrificio de la propia vida por intereses poco humanitarios y mundanos, exaltando el "ideal" de la muerte gloriosa y potenciando el llamado *espíritu kamikaze*.

Morihei Ueshiba consideraba que la idea de *vacuidad* (*mu*) traducida a medias como inexistencia o la nada, tan cercana al existencialismo o al nihilismo, había sido mal interpretada o manipulada y se encontraba en las antípodas del espíritu de *libre creación* (*takemusu*) y de *creación constante* (*yu*), de alegría infinita, amor incondicional, florecimiento, expansión y respeto por la vida que propugnaba su profunda visión del aikido y del ser humano.

La meditación zen junto a la obra *El Arte de la Guerra,* un infame y destructivo libro a menos que sea aplicado al campo de batalla interno contra las propias pasiones y los defectos personales, se hicieron muy populares entre los supuestos líderes de carácter egocéntrico, territorial, ambicioso, narcisista y competitivo, pues —según ellos— les permitía tener una mente lúcida y un corazón frío, es decir, no compasivo, algo que ha tenido graves consecuencias para la sociedad, debido a que provoca una acentuación de su zona *hárica* que conlleva la expresión en el mundo externo de su propia *ley de la selva* interna. Es notorio el hecho de que muchos practicantes de este tipo de meditación o de yogas inferiores no estén interesados en absoluto en una búsqueda interior o trascendental y ni siquiera mínimamente religiosa, pues se declaran abiertamente racionalistas, o cientifistas pragmáticos con *los pies en el suelo,* lo que hace pensar que estas técnicas de meditación, manipuladas y adulteradas, desposeídas de amor, de alegría y de compasión, son en realidad, como otros muchos de los postulados de la *new age* una forma de *espiritualidad para materialistas.*

Desafortunadamente sobreviven sistemas de meditación zen que se han filtrado en el mundo de las artes marciales y del aikido en particular, que se originaron en los albores de la Segunda Guerra y que incluso aún hoy en día polarizan la concentración y la respiración en los centros inferiores y el *hara* —la zona abdominal— que podríamos definir como *zen samurái.* Este sistema ha causado estragos en la salud física y psíquica de muchos practicantes que sin darse cuenta han perdido la alegría, incluso la sonrisa, y devenido esclerosados física, moral, mental y espiritualmente, algo que se evidencia en su rigidez física y mental, en su piel y rostro inexpresivo y lívido, en el ceño fruncido y la mirada férrea. Estos rasgos ponen al descubierto su *ki hárico* como era típico en el carácter duro, agresivo, cínico y resentido de los samuráis y como lo es todavía en los falsos guerreros, en instructores ignorantes de artes marciales o en fanáticos y fundamentalistas religiosos.

Muchos practicantes de estas formas de meditación han experimentando malestar, enfermedades y desequilibrios emocionales con cambios súbitos de carácter, explosiones de euforia, ira o cólera alternadas con periodos de honda tristeza y pesadumbre e incluso de depresión, o una acentuación de las pasiones dominantes, debido precisamente a la congestión de la energía en la zona inferior o *hárica.* Una zona ya de por sí sobrestimulada en la mayoría de los seres humanos y que puede producir, y con frecuencia lo hace, el despertar súbito e incontrolado de la energía *kundalini,* algo que no es considerado como una bendición o un gran logro espiritual, sino un ***accidente psíquico*** de graves consecuencias que conlleva la apertura de una verdadera *caja de los truenos* y el revivir de dormidos dragones que moran en el subconsciente y que es mejor dejar que duerman.

Los maestros verdaderos e instructores serios de meditación, ya sean *sheijs sufíes,* yoguis adeptos del *vedanta,* grandes lamas o expertos occidentales, insisten en que ciertas etapas preliminares son necesarias antes de entregarse a una disciplina de meditación, como la mejora del carácter, la purificación de las palabras, la elevación de las emociones, el altruismo, la inocuidad y la compasión. Ellos enseñan a polarizar la mente en el corazón o en los centros superiores, en ideas sublimes y elevadísimos preceptos espirituales como pueden ser el amor puro, la gratitud, el servicio abnegado, el desapego, la alegría de vivir y la expresión de la belleza del carácter.

Por fortuna existen formas de meditación zen mucho más humanas y más adaptadas a los tiempos actuales, llenas de libertad, compasión y alegría, como el que enseña Gempo Merkel con su *Gran Mente, Gran Corazón,* y Bernie Glassman que pasa varios meses al año entre los mendigos de Nueva York enseñándoles meditación, o Sunryu Suzuki y su *Mente de Principiante,* y Vernon Kitabu Turner, *sensei* de Aikido y *roshi* zen, que muestra la *Vía Alma de Sable,* llena de alegría y ternura, o el monje vietnamita Tich Nath Han, que con su respiración consciente, su alegría, amor y compasión logró reunir a excombatientes americanos y *vietcongs,* que se sentaron juntos a practicar *zazen* y luego llegaron a abrazarse y perdonarse mutuamente.

Por su parte, Morihei Ueshiba escribió su magistral obra *El Arte de la Paz* en el que propone una nueva perspectiva de la vida y del ser humano en armonía con su prójimo, con las leyes de la naturaleza y con el universo.

Algunos efectos de la meditación

En un primer grado la meditación permite el control de los instintos naturales del cuerpo, tales como la posibilidad de permanecer varios días sin comer, sin sentir hambre ni excesiva debilidad. Dependiendo de la calidad y de la sinceridad de la motivación, la cólera, los celos, la envidia, los vehementes deseos y la irritabilidad desaparecen paulatinamente. El miedo a la vida es convertido en una fuerza benéfica que abraza y nutre de buen *ki* cuanto nos rodea. La timidez, la tendencia a la introversión o la extroversión se equilibran, y el carácter deviene tranquilo, alegre y dispuesto. La energía del impulso sexual es también mejor controlada. En un segundo grado permite el desarrollo de la verdadera vacuidad que es la *ausencia de ego,* lo que nos ayuda enormemente a sentir a los demás, a realizar la verdadera empatía con el prójimo, la naturaleza y el universo. En un tercer grado, la meditación produce:

- Una relación entre el alma, la mente y el cuerpo.
- Una poderosa vitalidad anímica.
- Una nueva orientación de la vida.
- Una mente concentrada.
- La capacidad de construir formas de pensamiento por el arte de la visualización.
- La transferencia de energía de los centros inferiores hacia los centros superiores.
- La manifestación de eventos objetivos.
- Por la meditación, el alma impone sus concepciones a la mente limpia y receptiva.

Riesgos de la meditación

Cualquier forma de práctica espiritual, de entonación de *mantrams* o de meditación puede resultar arriesgada sino contamos con la supervisión de un experto, un auténtico *sherpa* del alma que haya escalado su montaña interna y superado los diferentes obstáculos naturales o sobrenaturales que aparecen en este sendero y superado las múltiples pruebas físicas, morales, mentales y metafísicas que inevitablemente se presentan ante el practicante de cualquier disciplina espiritual, que haya combatido y derrotado a los numerosos fantasmas internos que moran acechantes en el sendero de la realización.

Las técnicas de meditación en la vacuidad, ya sea el zen, la *vipasana* o el *atma vichara* del *advaita vedanta* precisan de una vida sobria, a menudo casi monástica de silencio, pureza de pensamientos y de palabras e incluso a veces castidad (*brahmacharya*) del cuerpo, purificación de la mente y del corazón, y muchas horas diarias de quietud y de silencio mental, algo que muy difícilmente puede lograse en la vida de cada día en una ciudad.

Ciertamente los sabios instructores de meditación nunca recomiendan una sola forma para todos los aspirantes o los discípulos, sino diferentes sistemas adaptados para cada tipo de personalidad y de circunstancias medioambientales. Así, para estudiantes con temperamento fogoso o *rajásico,* proclives a la acción o la pasión, a expresarse por los deseos o la excesiva actividad, pueden sugerirles una meditación sentada que tranquilice la mente.

Sin embargo este tipo de meditación no sería recomendable en absoluto para un alumno de carácter *tamásico,* inerte, introvertido, abúlico, tímido, ensimismado, tendente al ostracismo, desenraizado de la tierra, que tenga problemas para interaccionar con el mundo o comunicarse con los demás, ya que este tipo de meditación (en la que seguramente se encontrarán muy cómodos) acentuaría aún más sus tendencias a la evasión del mundo y en realidad no se trataría de una forma real de meditación sino de una suerte de *micro sistema mental,* de burbuja emocional o de anestesia mental, a menos que cuente con la ayuda de un verdadero maestro espiritual —algo extraordinariamente raro— que sepa exactamente lo que hace y el tipo de entrenamiento que precisa su discípulo.

La meditación, como cualquier otra técnica espiritual, es arriesgada si por nuestras tendencias naturales se convierte en un medio que sirva para manipular las energías con objeto de estimular los elementos indeseables y negativos de la personalidad y de la vida del hombre. Es peligrosa si es el alimento del deseo de poder, de territorialidad, de supremacía egóica y de crecimiento personal, y aún más si los verdaderos motivos latentes son falsos o camuflados bajo una barnizada máscara de espiritualidad. Es muy nociva si se convierte en el medio de desarrollar el egocentrismo, el sentido de superioridad y de separación, si exacerba el egoísmo y alimenta el orgullo espiritual, una de las más sutiles y letales trampas para el aspirante y para el discípulo. Es muy negativa cuando no hacemos los necesarios esfuerzos para adecuar nuestra vida interior con la exterior, y lograr que nuestros medios de vida estén en acuerdo con el *dharma,* la justa ley del bien universal, sobre todo con la no violencia del pensamiento, de la palabra y del acto. En particular, la meditación de la vacuidad es extremadamente arriesgada si la persona tiene tendencia al psiquismo inferior o a la expresión de los llamados poderes psíquicos que en absoluto evidencian una superior evolución espiritual.

Las prácticas espirituales, recordemos, no son un juego, ni una aventura, ni un divertimento, ni un pasatiempo para llenar el aburrimiento crónico de nuestras vidas o fomentar las relaciones sociales. Los grandes instructores nos dicen que la auténtica vida espiritual es arriesgada y que por tanto necesita imperativamente de la presencia de un verdadero instructor, de un *sherpa del alma* que haya estado en la cima y conozca los peligros de la ascensión, algo de lo que rara vez hablan los libros superficiales o los nuevos gurús del mercantilismo espiritualista.

Los sabios de todas las sendas espirituales de la actualidad están de acuerdo en que en la época en que vivimos ya no se necesitan grandes periodos de meditación, y que lo más importante es despertar el corazón compasivo y expandir la mente. Repitamos hasta la saciedad que la única evidencia, la sola prueba, el visible signo o síntoma palpable de que estamos actuando y caminando correctamente en el sendero del despertar, y de que se está verificando una verdadera alquimia espiritual en nosotros, es la alegría y la oportunidad de ayudar a nuestro prójimo en la extensión del campo de servicio.

Todo el proceso del *despertar,* para los sabios, el objetivo último de la búsqueda espiritual, va dirigido en realidad a lograr que el ser humano recupere *la memoria,* es decir, no se trata de *aprender,* sino solamente de *recordar.*

Cuando se recupera total o parcialmente, súbita o progresivamente la *memoria divina,* llega un *instante santo* de *recuerdo,* de *reminiscencia* o de *certitud cósmica,* y con él, la extinción del yo-espejismo en el amor puro e incandescente que supone la muerte súbita del ego. Se produce el *despertar* de un milenario sueño o un *segundo nacimiento* en vida del que nos han hablado los sabios y los iniciados, una experiencia transpersonal de eternidad que nos libera de la rueda del nacimiento, la muerte y el renacimiento. Es el despertar del sueño de lo ilusorio, la disolución de la trama de *maya,* la gran ilusión cósmica. Nos convertimos así en un verdadero iniciado, en un *dos veces nacido.*

Toda esa sensación de crónica insatisfacción, ese lacerante sentimiento de incertidumbre, de desasosiego, de añoranza, de ausencia o de carencia, esa intuición de imperfección, esa sensación dolorosa de estar divididos, de ser dos, de haber dejado de ser uno, de estar incompletos, de que nos falta algo, anhelantes, buscando siempre, incluso ante la alegría, la felicidad efímera, la belleza de la naturaleza o la experimentación del amor humano, se debe a esa pulsión interior que nos insta a recuperar la memoria.

¿Quién soy yo? La respuesta emerge a menudo como una intuición, como una certitud sobrenatural, como un *déjà-vû* de eternidad o como una reminiscencia ante la

contemplación de la belleza y la armonía de la naturaleza, el canto de los pájaros, la escucha de una melodía de armónicos indescifrables... y a veces, también resuena como una tempestad de indefinible certeza en la calma lúcida de la oración y de la meditación.

¿Y cuál es el camino para el *recuerdo* de nuestra verdadera naturaleza? ¿Qué debemos *hacer* o tal vez mejor, *dejar de hacer* para que acontezca o sobrevenga ese *redescubrimiento?* Los maestros proponen la quietud, la calma, la serenidad, la atenta escucha en la soledad del sí mismo y el silencio de la naturaleza. El *advaita vedanta,* la filosofía del no-dualismo de la madre India, sugiere la inmersión interior, la indagación sobre la naturaleza del propio ser (*atma vichara*). Los sabios taoístas nos recomiendan el perfecto fluir, *wu wei*, la no resistencia, el no hacer consciente. El maestro zen grita *¡mu!, ¡nada!,* no hacer nada, abstenerse de obrar, no intervenir, no interceder, no interferir, solo *ser el Ser,* sin más, sin esperar nada, sin desear nada, solo dejarse llevar por el oleaje de la respiración a la orilla del océano de la serenidad, con alegría, ternura, compasión y paciencia, y estar *a la escucha* del sonido interior, de la música del alma que desde hace millones de años canta o grita desde nuestro interior: *Yo soy Eso.*

Fotos del autor practicando aikido

Capítulo 3

Las 12 puertas del aikido y el arte de fluir en la vida cotidiana

Inspirándonos en las enseñanzas de Morihei Ueshiba, que concibió el aikido como una vía iniciática, alquímica y espiritual, vamos a estudiar ahora la forma de aplicar las ideas fundamentales y las técnicas propias del aikido a nuestra vida cotidiana.

A menudo las grandes enseñanzas y sus descubridores o mensajeros aparecen en el escenario de nuestras vidas como un paisaje taoísta en el que el primer plano puede verse claramente, y también el horizonte de las montañas nevadas e inaccesibles, donde se dice, viven los *inmortales.* Pero en medio aparece siempre una niebla, una bruma que oculta el camino a esa condición de inmortalidad. Para llegar a las sagradas cimas tenemos que atravesar esas espesas nieblas y para ello debemos construir un puente.

El puente flotante en los cielos

Como ya dijimos, en la mitología sintoísta y en otras tradiciones iniciáticas se habla con frecuencia de la existencia de un *puente flotante en los cielos* (*Ame no uki hashi*) que une ambas orillas entre la humanidad y el reino divino.

Morihei Ueshiba decía que el aikido había sido creado para reconstruir ese puente flotante que debe edificarse en lo orgánico para que el alma y la mente, o la mente inferior y la superior, el yo efímero y el yo divino puedan reencontrase, comunicarse y permitir un flujo de energía de extraordinaria potencia, belleza, inocencia y pureza. Si ese puente energético o vibratorio no es erigido, algo de lo que debe ocuparse fundamentalmente un diligente discípulo aceptado por un verdadero maestro, resulta imposible acceder a superiores enseñanzas o iniciaciones. Ningún poder misterioso o capacidad metafísica, psicológica o esotérica demuestran que hemos edificado una parte o totalmente ese puente de luz, ya que solamente el amor, la compasión, la alegría y el servicio altruista ponen en evidencia nuestro grado de verdadero desarrollo espiritual.

Las prácticas que ahora proponemos son un eficaz sistema para edificar en nosotros ese puente sagrado, elevando unos simbólicos pilares, que también pueden ser representados como las *puertas* de un mandala, es decir, de una representación de la geometría perfecta del universo.

La palabra sánscrita *mandala* significa *rueda, cerco* o *círculo,* que como la caverna o el laberinto del que hablan innumerables tradiciones iniciáticas, es un espacio sagrado, un diagrama cosmogónico, holográfico y multidimensional que parte del centro hacia la periferia y retorna de nuevo al centro, simbolizando la búsqueda del equilibrio y de la armonía dentro y fuera de sí mismo. El insigne Carl Jung los utilizaba en sus sistemas de terapia como una forma de representar y de acceder al mundo subconsciente, simbólico y arquetípico.

Cada Puerta del Mandala representa en un contexto iniciático los diferentes niveles de la mente, las distintas pruebas por las que todo candidato ha de atravesar en el proceso de la iniciación y la coherente aptitud que sirve de llave secreta que abre cada una de ellas. Nos dice el profesor Giuseppe Tuccci:

> "Ante todo el mandala delinea la superficie consagrada y la preserva de la invasión de las fuerzas disgregadoras simbolizadas en ciclos demoníacos. Pero es mucho más que una simple superficie consagrada y conservada pura para fines rituales y litúrgicos. Es ante todo un cosmograma, el universo entero en su esquema esencial, en su proceso de emanación y reabsorción: el Universo no solo en su inerte extensión espacial sino como revolución temporal; y una y otra como principio vital que se desarolla por un principio esencial y rota alrededor de un eje central, la montaña Sumeru, el *axis mundi* sobre el que se apoya el cielo y que hunde las bases el subsuelo misterioso".

Igualmente la estructura sutil del cuerpo humano es un verdadero mandala viviente y vibrante de fuerzas y energías ascendentes y descendentes, centrípetas y centrífugas que se expanden y contraen constantemente en espiral elíptica desde el centro del ser. A menudo, estas formas geométricas *mandálicas,* intuidas o percibidas por los sabios, por los ascetas-videntes o *rishis* de la antigüedad en sus estados de profunda contemplación o *samadhi,* que recrean universos paralelos, mundos sutiles y paisajes oníricos, son añadidas a danzas sagradas y cantos místicos que encontramos dispersos por toda la superficie del planeta.

Mandala de aikido

Este simbólico mandala de aikido con sus doce puertas constituye por sí mismo un sendero de evolución espiritual que amalgama, integra y explica los fundamentos de todo un proceso iniciático. Este sistema puede encontrarse intrínseco en el hinduismo o el budismo, en innúmeras culturas espirituales de muchos pueblos de nuestro planeta, y en general en el proceso de la transmisión de un conocimiento arcano, secreto u oculto, pero accesible al corazón lleno de misericordia y a la mente que añora la luz, presente en las ceremonias de iniciación de todos los tiempos. El número doce es altamente simbólico en las tradiciones religiosas, metafísicas y filosóficas de Oriente y de Occidente.

La aplicación de esta enseñanza en la vida de cada día ha demostrado su eficacia. Queda al libre albedrío de los estudiantes e instructores de aikido o practicantes de otras disciplinas marciales o esotéricas la sabia aplicación de cada principio a los múltiples desafíos del vivir cotidiano.

A cada puerta, que es representada por una técnica concreta o visible de aikido, hemos añadido una palabra llave que resume, evoca y sirve para recordarnos la aptitud correcta de la mente y del corazón, y abrir así cada una de las doce entradas. Penetremos pues, descalzos y realizando una profunda reverencia, en el santuario sagrado de la iniciación de aikido.

© Carmelo Ríos

Primera Puerta: ***SHI-HO***
Palabra Llave: **Gratitud**

Agradece siempre, incluso las derrotas, las penurias y a las personas malas.

Aprender a moverse con tales obstáculos es una parte esencial en el entrenamiento del Arte de la Paz.

Morihei Ueshiba

Shiho significa *agradecer en las cuatro direcciones.* Es una oración con todo el cuerpo que nos enseña a dar gracias constantemente por cada circunstancia de la vida, por cada alegría, por cada regalo de la existencia, y hasta por aquello que nos duele o nos hace sufrir. Si existen poderosas y muy eficaces herramientas para ponernos en contacto íntimo y directo con el supremo *ki,* una de ellas, extremadamente importante, es la gratitud. Estar agradecido es un acto de inteligencia, de madurez espiritual, de compasión valerosa, de empatía y de intuición de la existencia de un plan, de una intención divina, de un camino de redención y de bendición para todos los seres. Los maestros nos hablan con frecuencia de la gratitud como una forma de reconciliarnos con los demás, con la vida, incluso con nuestros enemigos, pues con cuanta frecuencia estos son como "agentes secretos de la Providencia" enviados para mostrarnos o reconducirnos al verdadero sendero de la armonía y de la rectitud, y que apartando para nosotros los obstáculos, nos muestran nuestras debilidades y los espacios sombríos de nuestro carácter.

Un gran santo de la India dijo: *El egoísmo vive tomando y olvidando, el amor vive dando y perdonando.* También dice el proverbio popular que *no es bien nacido aquel que no es agradecido*, así, un iniciado, es decir un dos veces nacido, como un verdadero practicante *sadhaka* (practicante espiritual) debe ser o estar doblemente agradecido y dar gracias por cada gota de agua, por cada grano de arroz, por cada bocanada de aire, por cada amanecer, por el canto de los pájaros, por la luz del sol, por el agua fresca, por cada nueva enseñanza. Y también por cada problema, por cada fracaso, por cada desafío que le aporta una gran lección en la vida, por cada pérdida que le enseña la gran lección del desapego y de la renuncia, y por todo aquello que le muestra la irrealidad de la existencia de los fenómenos visibles. Pero, sobre todo, debe sentir la más honda gratitud hacia aquellos que le han rescatado literalmente, arriesgando sus vidas y a menudo postergando su iluminación, de las sombras de la ignorancia que es sin duda la peor de las enfermedades del espíritu. La ingratitud hacia nuestros maestros es un grave crimen que viola las leyes divinas.

Si anhelosamente deseamos vincularnos con la poderosa irradiación del *ki* supremo, estemos siempre y en toda circunstancia profundamente agradecidos a cuanto nos acontezca, hacia esta preciosa experiencia y oportunidad de existir y de ser que llamamos vida. Debemos estar profundamente agradecidos si deseamos que la luz de una consciencia esclarecida y expandida aparte para nosotros los pesados velos que cubren de irrealidad la transparente experiencia de la iluminación.

Shiho expresa también las cuatro cualidades de un verdadero guerrero espiritual comprometido en la vía de la realización: coraje, sabiduría, amor y empatía. Cada mañana *O sensei* se levantaba al clarear el alba para dar gracias a la creación, a la luz del sol y a los *kamis* por el nuevo día y por el supremo don de la vida.

> "No te olvides de presentar tus respetos a los cuatro puntos cardinales. Nuestro mundo maravilloso es una creación de lo Divino, y por ello debemos sentirnos siempre agradecidos. Esta gratitud debería expresarse siempre por algún tipo de oración. La verdadera oración carece de forma fija. No tienes más que ofrecer la más sincera gratitud de la manera que te parezca más apropiada, y serás ampliamente recompensado".
>
> Morihei Ueshiba

Una leyenda afirma que el principe Shiddharta, tras nacer, *dio siete pasos a los cuatro vientos y tomó posesión del mundo,* afirmando que había venido a eliminar el sufrimiento de los seres y a traerles la salvación del interminable ciclo de vidas, muertes y renacimientos. Un anciano asceta lloró amargamente al contemplar al niño, ya que debido a su avanzada edad no podría beneficiarse de su presencia en la Tierra, tras lo cual, profetizó ante la pesadumbre del padre, el rey Kudodano: *¡Escogerá la vía del asceta errante, alcanzará la suprema iluminación y salvará al mundo!*

Shiho expresa en el budismo místico la idea de esparcir el *dharma,* difundir a los cuatro vientos las preciosas semillas de la búsqueda espiritual. *Shiho,* la gratitud sincera, es el primer paso del recién nacido a la verdadera vida, en la escalera que asciende a la montaña sagrada, dado con el pie izquierdo —el del corazón— en el peregrinaje que marca nuestra entrada en el *mandala de aikido.*

> "Para practicar adecuadamente el Arte de la Paz, debes Calmar el espíritu y retornar a la fuente. Eliminar toda malicia, egoísmo y deseo para limpiar el cuerpo y el espíritu. Sentir eterna gratitud por los dones recibidos del universo, de tu familia, de la Madre Naturaleza y de tus semejantes".
>
> Morihei Ueshiba

Segunda Puerta: ***IRIMI***

Palabra Llave: **Valor**

A fin de practicar el Arte de la Paz necesitamos valor, un valor enraizado en la verdad, la bondad y la belleza.

El valor nos proporciona fortaleza y nos hace valientes. El valor es un espejo que revela todas las cosas y expone el mal.

Morihei Ueshiba

Irimi, entrar valientemente y sin vacilar, es la valerosa aptitud de la mente y del corazón intrépido que nos enseña a adentrarnos en el misterio de la vida con lucidez y amor. *Irimi* es el arte de entrar y de adherirse al centro del otro, de la naturaleza y del universo. Esta actitud nos ayuda a comprender a los demás, a estar muy cerca, a salir del "yo mismo" y ser capaces de *ser uno con el corazón del otro.*

Irimi es el camino para crear un solo centro en el instante del conflicto. Filtrarnos, disolvernos, fundirnos y hacernos invisibles, y saber escuchar, ver, tocar y percibir sin nosotros, sin nuestras opiniones, sin nuestras creencias o nuestros puntos de vista, y ser un solo cuerpo con el otro. También nos enseña a entrar valientemente en el miedo sin preocuparnos por nuestra propia supervivencia o seguridad y rescatar a los seres del abismo del dolor, de la ignorancia y del sufrimiento. Es también el símbolo de la actitud vitalista de arrojo temerario.

> "Lealtad y devoción conducen a la valentía. La valentía a su vez conduce al espíritu de autosacrificio. El espíritu de autosacrificio crea confianza en el poder del amor".
>
> Morihei Ueshiba

Irimi es caminar sin temor, entrar incluso en el núcleo del miedo, alumbrados por la luz irradiante del alma, mirando siempre hacia adelante con una implacable lucidez, con resolución y conscientes de un designio interno (*sankalpa*) sin mirar jamás hacia atrás, con la mirada fija en nuestro ideal sagrado, dirigida hacia las elevadas cumbres donde moran los dioses. *Irimi,* el segundo paso en nuestro *mandálico* peregrinar es el nacimiento del *bodhicitta,* del anhelo de liberación en beneficio altruista de todos los seres.

> "En situaciones extremas el universo entero se transforma en nuestro enemigo; en momentos tan críticos, la unidad de mente y técnica es esencial, ¡No permitas que tu corazón titubee!".
>
> Morihei Ueshiba

Irimi nos ayuda enormemente a tener una férrea determinación en la búsqueda, sin ahorrar esfuerzos y a pesar de los fracasos, de los enemigos visibles e invisibles, de las caídas o la incomprensión y la ingratitud e incluso de la negativa respuesta del mundo. Entrenarse como un monje con inconmovible fe, con valor, humildad y perseverancia.

La positiva, entusiasta, valiente, incluso heroica actitud ante la vida de *irimi,* el poder espiritual del corazón valeroso, nos aporta una extraordinaria fuerza interior, una irradiante personalidad, una carismática y positiva influencia sobre nuestro entorno que, tarde o temprano, será de inestimable ayuda para innumerables seres.

> "En el Arte de la Paz no hay lugar para mezquindades o pensamientos egoístas. En lugar de dejarte atrapar por la noción de ganar o perder, busca la verdadera naturaleza de las cosas. Tus pensamientos deberían reflejar la grandeza del universo, un reino más allá de la vida y de la muerte. Si tus pensamientos son contrarios al cosmos, entonces te destruirán y provocarán calamidades en tu entorno".
>
> Morihei Ueshiba

Tercera Puerta: *KAITEN*
Palabra Llave: **Compasión**

Cada día de la vida humana contiene ira y alegrías, dolor y placer, luz y oscuridad, crecimiento y decadencia. Cada momento está marcado por el gran propósito de la naturaleza.

No trates de oponerte o negar el orden cósmico de las cosas.

Morihei Ueshiba

Kaiten, entrar y girar, nos enseña a comprender a los demás, a ponernos en su piel, a ver el mundo desde sus ojos, a escuchar desde sus oídos, a sentir desde su corazón, ¡cuán a menudo roto¡ y a comprender su dolor o su miedo. *Kaiten* es el comienzo de la verdadera empatía, *sentir lo que otro está sintiendo.* Nos muestra el camino para tener un buen y gran corazón que nos permita ponernos en el lugar de nuestro prójimo sin juzgar, sin opinar, sabiendo que si estuviéramos donde él esta, actuaríamos de forma similar.

Kaiten es también estar abierto a nuevas ideas, a nuevas alternativas, a nuevos puntos de vista, a nuevos conocimientos. Fluir con lo que nos ocurre, no oponerse, dejar pasar, abrir la puerta a los demás, a sí mismo, a la llamada interior del ser. Implica una gran apertura de la mente y del corazón y exige una tremenda fuerza de carácter. Ponerse en el lugar del otro puede suponer una experiencia muy dolorosa y amarga para nosotros, que nos arrebata las armas materiales, intelectuales o morales, los argumentos y las opiniones personales, pues exige una capitulación del yo inferior a favor del amor, del perdón y la reconciliación con los demás y consigo mismo, como si fuéramos a morir instantes más tarde y necesitáramos perdonarlo absolutamente todo.

Kaiten es ante todo saber perdonar y perdonarse. Es el nacimiento de la verdadera compasión que nos enfrenta directamente con el dolor, la miseria y el sufrimiento del hombre en su exilio cósmico, pues como dijo un maestro zen contemporáneo tras su *kensho* o experiencia de despertar: "todos los seres están llorando", por el paraíso perdido, por el retorno a nuestra verdadera morada en el infinito, añadiríamos.

> "Cuando practicamos bien, generamos luz (sabiduría) y calor (compasión). Estos dos elementos activan el cielo y la tierra, el sol y la luna; son las manifestaciones sutiles del agua y del fuego. Unifica las esferas material y espiritual, y esto te permitirá devenir verdaderamente valiente, sabio, amante y empático".
>
> Morihei Ueshiba

Kaiten, nos enseña —como diría Krishnamurti— a ser *exquisitamente vulnerables,* y conocer el verdadero poder de la humildad y de la vulnerabilidad. A ser permeables al dolor o la alegría de los demás y nos impulsa a hacer algo por ayudar a eliminar el sufrimiento de los seres sintientes.

Es la obra del *dharma,* la Suprema Ley del Bien que rige el universo, la expresión visible de la gran compasión de los *boddhisatwas* que despierta en nosotros un enternecimiento profundo por la vida.

No se crea nada bueno, ni nuevo ni constructivo desde el temor, desde el odio o el resentimiento, desde esos núcleos de miedo solo podemos destruir la vida y dar muerte incluso al amor. Los sabios budistas nos hablan de la fuerza de la *compasión airada* que nos aporta la energía necesaria para derribar un muro y salvar una vida, para arrojarnos a las turbulentas aguas del destino y rescatar a los seres sufrientes, a meternos directamente en núcleo del fuego del dolor humano y liberar a los seres dolientes. Tal es la fuerza todopoderosa de la compasión dinámica e intrépida.

Podemos utilizar el poder del amor altruista y sacrificado como una energía creativa, curativa, redentora, pacificadora. Pero surge una pregunta: ¿Cuánto amor hay en nosotros? ¿Hemos amado alguna vez de verdad, sin deseo, sin miedo, sin ego? Muchas personas mueren llenas de amor en su corazón ¡porque nunca lo han utilizado¡ La energía del verdadero amor es una de esas cosas tan extrañas que cuanto más se utiliza y gasta ¡más aumenta! Algo en nuestro interior nos dice que el verdadero amor tiene que ser sin deseo, sin temor, sin orgullo, sin celos, sin amargura, sin esa ansiedad que parece ir de la mano del llamado amor de cada día. Nos dice Krishnamurti que debemos llegar a conocer aquello que llamamos amor y entonces, estaremos libres del miedo. *Kaiten* nos obliga a tener una mente abierta, una consciencia expandida, una aptitud de brazos abiertos, como el aikido nos propone, tan necesaria para alcanzar ese añorado objetivo. *Ai,* para *O sensei* también implicaba el sentido de *fervor sin pasión.* Morihei a menudo hablaba de *aitade,* arreglar las cosas por uno mismo, sin intermediarios, pero también decía que con frecuencia en situaciones realmente difíciles necesitamos la protección afectuosa de la divinidad o *aigo,* una arte de vida, de metamorfosis de uno mismo y de desapego. El buen aikido nos enseña a crear lazos, aceptar acuerdos, perder una parte del beneficio propio a favor del bien de la colectividad, en nombre de la divina compasión, como una de las misiones sagradas del aikido.

Tenzin Gyatso, el actual Dalai Lama, es un reconocido líder mundial de la compasión y la no-violencia, el prototipo mismo de un verdadero rey, pacífico, culto, pobre, casto e iluminado y, ante todo, adalid de lo que él llama la *política de la bondad.* Habla en todas sus obras y conferencias acerca del valor inigualable de la no-violencia, de la fuerza de la empatía y de la compasión, y no dejamos de recomendar sus enseñanzas para quien quiera profundizar en una verdadera vía rápida de despertar y transformación.

> "Si tu corazón es suficientemente grande como para albergar a tus adversarios, podrás ver a través de las mezquindades y evitar los ataques. Y una vez los envuelvas, podrás guiarlos a lo largo de un camino que te indicará el cielo y la tierra".
>
> Morihei Ueshiba

Cuarta Puerta: *KOKYU*

Palabra Llave: **Desapego**

Kokyu, la profunda respiración del alma, es la extensión del sí mismo, la irradiación expansiva de la fuerza interior y podría traducirse con justicia como la expresión del soplo vital. Una proyección hacia lo más lejano de nuestro corazón expandido, extendido y purificado.

Kokyu nos enseña la gran lección del desapego (*vairagya* o *musotoku*) de la renuncia al sí mismo, del abandono del fruto de la acción, que es la esencia misma del *karma yogui* y del guerrero espiritual. *¡Renuncia al mundo, oh Arjuna!,* grita Krishna a su discípulo el arquero maravilloso en el *Baghavad Gita. ¡Vive y obra en el mundo, pero no seas del mundo!*

> "Los discípulos de la arquería que quieran vivir en esta vía suprema y noble, no deben olvidar, ni siquiera por un instante, el gran espíritu del desapego, del desinterés, del abandono de sí mismo, que puede permitirnos entrar en el mundo sagrado del absoluto, del no ego, y realizar la belleza suprema".
>
> Anzawa Heigiro
> Maestro de *kyudo*

Las grandes obras de arte, los poderosos poemas, los escritos de los sabios, los lienzos extraordinarios, las majestuosas obras arquitectónicas, la música de los grandes genios, como las caligrafías de *O sensei* y sus gestos creadores, están llenas a rebosar del espíritu de la renuncia y del desapego, pletóricas por tanto de luz y de verdadero amor, y expresan la grandeza del alma humana a través de su profundo *kokyu.* Los discípulos de mente abierta y corazón enternecido pueden meditar u orar frente a esas obras maestras, expresiones de la luz interna de sus creadores, llenas de supremo *ki,* del poder irradiante del ser, y recibir semillas, gotas, partículas y a veces cataratas de gracia que ellos supieron insuflar a sus creaciones.

> "Tu corazón está lleno de fértiles semillas que esperan brotar. Al igual que el loto brota del fango para florecer espléndido, también la interacción del hálito cósmico hace que la flor del espíritu florezca y fructifique en este mundo".
>
> Morihei Ueshiba

Kokyu, la extensión y la expansión luminosa de nuestra alma, nos enseña a caminar por el gran mundo empujando el cielo con la cabeza, a mirar siempre adelante y a no ir jamás de capa caída. Nos lleva a tener una mente lúcida y calmada, saber encontrar el lugar y el momento oportunos para actuar. *Kokyu* es una valerosa actitud de no miedo por la comprensión de que todo es como debe ser, como dice el budismo, y que *ni un solo copo de nieve cae donde no debe caer. Kokyu* es también morar en armonía con la vida, sonreír siempre exteriormente y tan a menudo como podamos en el interior. *Kokyu,* la poderosa irradiación de nuestro *ki,* nos enseña a vivir constantemente en la extensión de nuestra ternura, de nuestra profunda compasión, a amar nuestra vida, abrazar toda forma de existencia, ¡incluyendo a los seres humanos! Ser una bendición para cuantos se nos acerquen, irradiar luminosidad, consuelo, consejo, y ejemplo por la alegría divina, y ser una bendición, una providencia, para cuantos se nos acerquen.

> "Tu espíritu es tu verdadero escudo.
> El Arte de la Paz es una forma de plegaria que genera luz y calor. Olvida tu pequeño ser, libérate del apego a todo objeto y emanarás luz y calor.
> La luz es sabiduría, el calor es compasión".
>
> Morihei Ueshiba

Kokyu es eterna epifanía, plegaria muda, entusiasmo del espíritu, canto silencioso del alma, expresión benevolente de nuestra luz. *Kokyu* es el estado diametralmente opuesto a la lo lóbrego, a la oscuridad, a la contracción, a la tristeza, a la depresión del espíritu, del cuerpo o de la mente. *Kokyu* puede expresarse a través de la palabra, del gesto, de la mirada y, a veces, infundido a distancia y secretamente como vida-alma-luz y como curación carismática por influencia anímica sobre el alma del herido, del sufriente o del enfermo. *Kokyu* puede derramarse en los alimentos del cuerpo y del corazón que con amor preparamos para los seres en el horno de la meditación y de la secreta oración. *Kokyu* es también el arrebato místico, la danza en éxtasis del derviche giróvago, la inspiración del genio, la revelación interior del filósofo, del artista o del místico. La expresión de un amor desmesurado por la naturaleza y por el universo que, en palabras de Theilard de Chardin, nos conduce hacia *un sacrum omnipresente y benévolo.*

"Mantén siempre tu mente tan luminosa y clara como el vasto cielo, la cumbre más elevada o el más profundo océano, vacía de todo pensamiento limitador. Mantén siempre tu cuerpo lleno de luz y calor, llénate de la fuerza de la sabiduría y de la iluminación".

Morihei Ueshiba

En la práctica de aikido se enseña el uso de *ko-kyu ho,* la técnica de armonizarse o de *hacerse uno con la respiración del otro,* pero no solo con nuestro compañero, sino con la respiración de la naturaleza y por extensión, del universo. *Kokyu ho* nos permite respirar con los árboles, con las montañas, con las olas y las mareas, con la brisa, con la luz del sol y con el gran movimiento de expansión y contracción del cosmos. Por la intensa práctica de aikido, pacífica y bien dirigida a un fin preciso, el cuerpo, el corazón y la mente se unifican y se abren, y nuestra respiración recupera la perdida amplitud del espacio, la profundidad del océano, la belleza de las montañas, la potencia del viento y la fluidez del agua. Se tiene entonces la sensación de no haber respirado de verdad hasta ese momento.

A esa forma de respiración conectada con la suprema fuente se la denomina *sin kokyu,* el *soplo creador.* Pero para que esta energía poderosamente creativa se exprese a través de nosotros, debemos convertirnos en un *cero, no ser nada, no esperar nada, ni ambicionar nada.*

Cuando hemos transformado la pasión por la vida en compasión hacia todos los seres, *kokyu* fluye naturalmente desde el centro del ser, desde el corazón secreto que no está en el pecho, como una bendición devota y constante. Esa nueva pasión que nos hace sensibles a cuanto nos rodea no surge en adelante del deseo sino de una dimensión del propio ser que nace del verdadero amor, pues lentamente y por la permeabilización de la energía del supremo *ki* en lo orgánico visible e invisible, la pasión del hombre del deseo deviene compasión del héroe del alma.

> "El verdadero aikido es un trabajo de amor. Consiste en dar la vida a todo cuanto existe y no en combatir o destruirse los unos a los otros.
> El amor es la divinidad protectora de todas las cosas, nada puede existir sin él.
> Aikido es la realización del amor".
>
> Morihei Ueshiba

Quinta Puerta: *OSAE*
Palabra Llave: **Protección**

Osae es la palabra que define a las técnicas de inmovilización en aikido, y nos habla de protección, de no hacer daño a nadie, de evitar el mal y de anticiparse al dolor y al sufrimiento, impedir que se produzca el incendio del conflicto. En palabras de Buda, *"el sufrimiento que puede ser evitado, ha de ser evitado"*. *Osae* nos enseña a reconducir nuestras némesis personales, la ira, el resentimiento, el afán de venganza o de justicia, o la cólera hacia un territorio de no dolor y de no sufrimiento. *Osae* nos habla de *redención.*

En una ocasión en que *O sensei* paseaba con sus discípulos por la naturaleza, de repente, unos campesinos comenzaron a gritarles, corriendo hacia ellos airados, amenazándoles y arrojándoles piedras. Los alumnos, jóvenes y bien entrenados, se dispusieron rápidamente para entrar en combate. Morihei los detuvo con un poderoso *ki ai* (grito del alma) y se arrojó de rodillas ante los labradores pidiéndoles humildemente perdón por la incalificable conducta de sus pupilos. Más tarde les explicó que los campesinos eran gentes muy pobres y que no hacían más que defender sus pequeños cultivos —que ellos habían pisoteado— y que estos míseros labriegos mantenían a sus familias y sus precarias vidas a precio de un trabajo inhumano.

Cuando recibimos *Osae,* nuestra actitud ha de ser de rendición, de entrega, de profunda humildad. *Osae* nos entrena para soportar estoicamente el dolor físico y emocional, y cultivar en nuestra vida de cada día los principios de la paz y de la armonía. Es la expresión de ley de *sathyagraha,* la firmeza en la verdad y *ahimsa,* la no violencia activa. *Osae,* por medio de la paz, del sentido profundo de reconciliación con el enemigo —dentro y fuera de nosotros— nos forja una extraordinaria fuerza de carácter.

Osae nos enseña a proteger al enemigo y a nosotros mismos de la ira, del resentimiento, de la destructividad, de la idea que albergamos de control y dominación, o hacia la auto destrucción, fruto de nuestras tendencias instintivas heredadas del reino animal o del propio sentido de culpabilidad, enraizado o insertado en nuestra consciencia (¡y en nuestros cuerpos!) por una insana educación religiosa. Realizar *Osae* es también protegerse del *karma* del enemigo, limpiar su *karma* y el nuestro en un instante crítico e irrepetible. No desperdiciar nunca una preciosa vida, ni siquiera una brizna de hierba, sino es absolutamente necesario.

> "*O sensei* se adhería al antiguo adagio samurái de que uno debe evitar al máximo el conflicto. Pero, si no puedes lograrlo, entonces infringe dolor antes que causar una lesión, causa una lesión antes que lisiar, lisia antes que matar. Y si has de matar, exprime la vida del atacante hasta la última gota. Mata limpiamente, porque la vida es tan valiosa que no puede ser desperdiciada, ni siquiera en la muerte".
>
> Roy Suenaka

Osae nos ofrece la comprensión del dolor ajeno y nos lleva hacia un gran respeto por la vida, a un amor incondicional, poderoso y vital, sin sentimentalismos, hacia toda forma de existencia y, muy en particular, dirigida hacia aquellos que sufren, en cualquiera de los diferentes mundos o reinos de la naturaleza. Cuando realizamos *osae waza* (las técnicas de inmovilización) debemos actuar como una terapeuta, como un sanador que trata de remediar el dolor y restablecer la salud del cuerpo y de la mente.

Osae, como la ley del *karma,* también puede ser duro y contundente, pero a la larga siempre salutífero, redentor, rescatador, benévolo y purificador. Un gesto sencillo de nuestra mano, una mirada, unas simples palabras son también *osae,* y realizados desde un corazón lúcido, despierto y compasivo, en el momento y espacio oportunos, pueden evitar montañas de sufrimiento y océanos de lágrimas, pero para ello debemos poseer calma mental, amor incondicional y una gran lucidez de entendimiento.

Osae también nos muestra el camino para proteger amorosamente la vida. Onisaburo Deguchi, en su juventud, hizo suyo el grito de guerra de los antiguos y nobles caballeros andantes o *kyukaku,* ser un defensor del inocente y enemigo del fuerte. Morihei Ueshiba se adhirió para el resto de su vida al espíritu benefactor de los samuráis errantes: *ban yu ai go,* proteger con amor todo lo que existe.

Osae también nos indica una dirección para comunicarnos con el supremo *ki,* con la secreta inteligencia de la naturaleza, con las todopoderosas energías creativas, con los ángeles, con los *devas,* con los santos y los sabios, y con la *presencia de Dios* en nosotros: *la rendición.*

Sexta Puerta: *USHIRO*
Palabra Llave: **Intuición**

Para poder iluminar el sendero es necesario estar preparado para recibir el noventa y nueve por ciento del ataque del enemigo y enfrentar el rostro de la muerte.

Morihei Ueshiba

Ushiro es el espacio que queda fuera de nuestra visión, en el exterior, en la periferia de sí mismo. Simboliza la cara oculta, lo desconocido, el mundo subconsciente, el reino secreto e inaccesible de nuestra mente donde están almacenados millones de años de evolución del hombre en el planeta Tierra y en el universo, que habitan en nuestra mente abdominal: el *hara.*

Ushiro representa la memoria secreta de la evolución de la vida en nosotros. De *ushiro* proviene el sexto sentido, el instinto, el presagio, la premonición. A la zona oscura, inaccesible por el pensamiento o por la razón que simboliza *ushiro,* es donde el maestro zen lanza la carga de profundidad del *koan,* la bomba de tiempo hecha de una frase ilógica, irracional, aparentemente irresoluble, que un día estallará desde la subconsciencia produciendo tal vez el *kensho,* el súbito despertar espiritual, la recuperación de la memoria cósmica.

En la periferia de la catedral se erigen amenazantes las gárgolas y en las sombras del templo iniciático, de la cripta o del santuario secreto moran los guardianes, las formas fantasmagóricas que en realidad son verdaderos ángeles que protegen el *sancta sanctorum* de los ignorantes y de los profanos. En las esquinas del mandala es donde viven las grandes divinidades guardianas, los *dharmapalas* o protectores del *dharma,* a veces iracundas y terribles, que esgrimen poderosas armas de luz y de fuego, como los temibles Mahakala, Yidam Yamantaka, Heruka, Vasiravana, Manjusri, Fudo Myoo o los *"dos grandes"* (*Ni O*) que se encuentran en el portal de los templos sintoístas y budistas susurrando o tronando amenazadoramente el sagrado y protector *kototama mantra aum,* el sonido primordial del universo. Estos centinelas o guardianes del *dharma* son aspectos activos de Buda y de los *bodhisatvas* que protegen el templo de las profanaciones y de la curiosidad de los incautos. De igual modo, nuestros defectos, nuestras tendencias e inercias son con frecuencia valerosos guardianes de nuestra inocencia intrínseca que velan por su salvaguarda. Son, como dice el budismo, *expresiones de la energía del despertar* que llegaran a convertirse en esencia de iluminación.

Ushiro es como la cara oculta de la luna, la zona oscura en la que el iniciado, tarde o temprano tendrá que penetrar. Es el bosque tenebroso o la cripta encantada en los relatos de caballería, donde tan a menudo el héroe encuentra el tesoro del conocimiento trascendente, la revelación divina o la redención espiritual tras localizar al dragón *dormigd,* despertarle, combatirle y derrotarle. Ese dragón es el símbolo de las tendencias e inercias poderosas del hombre animal, que debe ser dominado por el hombre superior y divino. A veces la conquista de ese dragón, su derrota o su dominio, libera en las leyendas a la doncella enclaustrada, al alma inmortal prisionera como el genio de la lámpara. No se nos escapa el símil de ese dragón latente con la yacente y potencial energía femenina de ***kundalini,*** representada a menudo como una serpiente enroscada o un poderoso dragón dormido.

Ushiro es la voz de nuestra propia consciencia que nos susurra al oído, más allá de cualquier otro sonido, el sentido mismo de la verdad transcendente. *Ushiro* nos enseña a hacer caso de nuestra propia intuición, de nuestra premonición, a dar lugar y a prever lo desconocido, a esperar lo inesperable. Para adentrarnos en *ushiro* debemos de haber desarrollado una gran fuerza interior y fe inquebrantable en el poder del alma (una expresión de nuestro *kokyu*) en la que vivimos, existimos y somos. El *satori,* el despertar, es nuestra propia naturaleza iluminada.

En las artes marciales, sobre todo en el vía del sable, se habla a veces de una suerte de intuición o de presagio nefasto o precognición sobrenatural que nos revela una gran amenaza, a ello le llaman *sakki,* el soplo de asesinato. Pero para un verdadero buscador, *sakki* también tiene el benévolo aspecto de revelación, de intuición, de augurio positivo que nos señala en la noche los obstáculos, las posibles caídas y las trampas del ego. Entrar en las sombras de *ushiro* con la poderosa luz de nuestra mente purificada e iluminada es misión de todo ser humano que camina sobre esta tierra. Iluminar la oscuridad, llevar a la luz del día nuestra sombra. Es un acto de fe profunda, de valor, de compasión hacia nosotros mismos, de humildad y de verdadero amor.

"Haced brillar la luz en la oscuridad que os rodea. En un antiguo texto está escrito que el rayo de sol penetra en la habitación naturalmente en cuanto la puerta está abierta; igual ocurre con la vía de las armas. Pero no es suficiente, esta luz debe penetrar a través de las puertas, de los muros, de las rocas y de cualquier lugar".

Morihei Ueshiba

Séptima Puerta: ***TENCHI***
Palabra Llave: **Recuerdo**

Lo divino no es algo por encima de nosotros.
Está en el cielo, está en la tierra, está dentro de nosotros.

Morihei Ueshiba

Tenchi, la armonía entre el cielo y la tierra, nos enseña que debemos recordar quienes somos: materia estelar, dioses en estado de amnesia, vehículos de lo divino, altares de la naturaleza, templos vivientes de la divinidad encarnada en una forma orgánica, hijos de Dios, herederos privilegiados de la creación existiendo en medio del cielo y de la tierra.

Tenchi nos enseña a caminar por el gran mundo con la mirada puesta en la cima de la montaña sagrada y los pies profundamente enraizados en el misterio de la vida. A equilibrar nuestras energías entre la materia y el espíritu, materializando el espíritu y espiritualizando la materia. A vivir como héroes en medio de la gran tierra y el inmenso cielo y recordar, a cada respiración, a cada latido, a cada paso, que somos hijos del fuego y del agua, del sol y de la madre naturaleza, nuestros verdaderos progenitores.

Tenchi nage, la proyección del compañero entre el cielo y la tierra no puede realizarse sin una verdadera, sincera y valerosa apertura del corazón, sin una heroica actitud de entrega sin reservas al corazón vibrante del misterio del otro, física y espiritualmente. Ser fluidos para permitir fluir, saberse perdonar a sí mismo para poder perdonar, estar abiertos para poder abrir, estar despiertos para poder despertar, estar liberados para poder liberar.

Tenchi nos enseña a vivir en el ojo del huracán, a ser una espiral en movimiento ascendente desde abajo, expandiéndonos desde el centro y generando vida infinita en el corazón de nuestro adversario y a nuestro alrededor, hacia arriba. *Tenchi,* en el *mandala de aikido,* nos confiere una gran responsabilidad en la forma en que afrontamos este mundo. *¡Recuerda! ¡Recuerda quién eres!,* clama o truena la campana del templo, o suena trémula y levemente al oído despierto y anheloso la caña de bambú, como el *ney,* la flauta sufí, que susurra nuestra inocencia intrínseca y evoca nuestro estado de perdida unidad universal cuando es acariciada por el viento. El despertar, la liberación, el *satori,* no consisten en aprender, en saber, en creer, sino en recordar lo que fuimos y en ser lo que ya somos desde antes de antes de la creación.

Tenchi nos enseña a orar con todo el cuerpo, a esgrimir nuestro cuerpo como un cetro diamantino (*vajra*) a utilizarnos a nosotros mismos como un instrumento de liberación e iluminación, y a convertir nuestra vida en una oportunidad sagrada de revelación. *Tenchi* es el momento extraordinario en que Dios, por medio del *ki* supremo, da vida a Adán en la Capilla Sixtina. *Tenchi* nos recuerda, constantemente, *la promesa:* Dios, el gran devenir, el amor divino en su esencia más pura, no nos ha dejado solos en este inescrutable universo. Él ha puesto en nosotros un alma que es parte de sí mismo y que es *el sí mismo.*

> “¡Cielo, tierra y humanidad
> unidos en el sendero de la armonía y de la alegría,
> siguiendo el Arte de la Paz,
> a través de vastos océanos
> y en las más elevadas cumbres!”.
>
> Morihei Ueshiba

Al final de sus días, postrado en una cama de hospital y ya casi moribundo —falleció poco después— Morihei Ueshiba seguía anhelando practicar y trasferir a sus discípulos su esencia, su ciencia del alma, pues sabía desde el fondo de su alma que el espíritu del aikido podía cambiar el mundo y establecer el reino de Dios aquí en la tierra. De repente le vieron aparecer en el *dojo,* ensimismado, extremadamente débil, enjuto y apenas capaz de caminar. Varios de los poderosos *uchi deshi* (discípulos internos) grandes expertos en aikido y otras artes, jóvenes y muy fuertes, se precipitaron hacia *O sensei* para ayudarle a subir un simple escalón que franqueaba el *tatami,* pero les fue imposible elevar su minúsculo y enflaquecido cuerpo ni tan siquiera un centímetro del suelo. De repente, volvió en sí y les dijo: *¡Perdonad, me había olvidado de desatar el cielo de la tierra!,* tras lo cual, pudieron elevarle en el aire como a una pluma.

> “La vida es crecimiento, si dejamos de crecer, tanto física como espiritualmente, entonces es como si estuviéramos muertos. El Arte de la Paz es una celebración del vínculo entre el cielo, la tierra y la humanidad. Es todo lo que es verdadero, bueno y hermoso”.
>
> Morihei Ueshiba

Octava Puerta: *UKEMI*
Palabra Llave: **Irresistencia**

El Arte de la Paz es el principio de la no resistencia. Como no resiste es victorioso desde el principio. Quienes albergan malas intenciones o pensamientos beligerantes, son vencidos. El Arte de la Paz es invencible porque contra nada lucha.

Morihei Ueshiba

Ukemi, el arte de caer, de adaptarse y de aceptar la proyección de nuestro compañero, es tal vez la puerta más difícil para acceder al corazón del *mandala de aikido.*

Morihei Ueshiba hablaba con frecuencia de *muteiko, la no resistencia,* muy similar al concepto taoísta de *wu wei,* la no acción, o mejor aún, la no reacción. *Ukemi* nos enseña a fluir (*nagare*), a ser uno con el ritmo interno del otro (*ki musibi*), aceptar lo inaceptable, a soportar lo insoportable, a comprender lo aparentemente incomprensible, a redimir con el poder del amor, aceptar lo irremediable y lo irredimible, y a fluir ante el viento huracanado de las contingencias humanas. Nos enseña el sendero del abandono de sí mismo y del don de sí mismo.

"No dejes de aprender de la voz pura
del arroyo de montaña que fluye eternamente
salpicando las rocas".

Morihei Ueshiba

Ukemi es estar a la escucha del mundo, dejar que el dolor o la alegría del mundo se filtren dentro. Esponjarse ante el sufrimiento de los demás. Nos muestra el camino de la amnesia voluntaria del mal que hayan podido hacernos. *Ukemi* es el símbolo de la modestia y la humildad necesarias para realizar cualquier avance en el sendero interior. En el sentido iniciático, *ukemi* es la *rendición,* la capitulación total y absoluta del yo mismo, ante Dios, el ser supremo o el designio del universo, que Patanjali llamaba *ishwara pranidhana:* el abandono absoluto a la voluntad de Dios. Es el ego que se arrodilla sintiéndose mortalmente herido o irremisiblemente abatido y vencido, definitivamente derrotado por el poder del amor puro y la luz del alma.

La fuerza espiritual de *ukemi* nos enseña a comportarnos con actitud adaptativa, fluida y no resistente, pero extraordinariamente poderosa. Nos permite hacernos a un lado, difuminarnos, desaparecer, ser una nada, un vacío, hacernos a un lado y a dejar obrar la divinidad en nosotros, diluyéndonos como una estatua de sal en un inmenso océano. Esta actitud exige una gran fuerza de carácter y una fe inconmovible. *Ukemi* es un bálsamo contra el dolor en los momentos dolorosos. Aceptar, dejar pasar, abrir la puerta.

La práctica y la actitud de *ukemi* nos ofrece la posibilidad de sobrevivir por adaptación al cualquier medio. Si el adversario nos ataca con fuego le respondemos con agua, si su energía es *yang,* la nuestra es *yin.* Rodeamos su fuego con agua para evitar su propagación o para extinguir su pasión.

> "Arde, es la cólera en el corazón. Humea, es una injuria que vuestro enemigo profiere contra vosotros. Guardaos bien de extinguirla con violencia, no os venguéis, no os defendáis, sino dad lugar a esa cólera. Dejadla humear un poco y que se extinga. Si humea es porque se extingue. No la apaguéis por la fuerza, dejad que se exhale y se pierda inútilmente en medio del aire sin heriros ni alcanzaros".
>
> Morihei Ueshiba

La victoria absoluta es igual a la derrota total, reza un adagio zen. En el tiempo de crisis, *ukemi* nos enseña el poder de la adaptación y de la no resistencia. Y en el momento de la muerte, ya sea muerte del cuerpo o muerte de la personalidad, *ukemi* nos obliga a perdonar y a perdonarnos. *Ukemi* es la rendición incondicional del deseo, del orgullo y del miedo, la firma del armisticio —el abandono de las armas— de nuestras tendencias primitivas y el deseo egoísta, aun de iluminación, ante la realidad del ser. Es la capitulación total del ego.

Nos indica el justo sendero del sacrificio del ser inferior en el altar de la voluntad divina, del impulso poderoso del alma desde el interior de nosotros. Los místicos y los ascetas, los *sanyasin* renunciantes de la madre India, los derviches errantes, los *seng* taoístas, los verdaderos *senseis,* los *satgurus,* los grandes lamas, los *sheijs* sufíes, los caballeros andantes, los samuráis sin señor, los *avhadhutas* de las selvas y grutas del Himalaya, los *bauls* errantes de las orillas del Ganges, los *rishis* del hinduísmo o los *bodhisatvas* del budismo, los santos padres y hesicastas del cristianismo han exaltado en términos superlativos el valor infinito, la grandeza y la divina alegría resultante de la renuncia, de la rendición ante lo divino y el espíritu de sacrificio del ego en la lucha por la conquista del alma.

Los *Sutras, Puranas, Sastras, Vedas,* o *Evangelios,* las enseñanzas del los maestros del sufismo y de la gran tradición original, el legado espiritual del aikido, las epopeyas de los grandes héroes como Hércules, Orfeo, Osiris, Mitra o Ulises relatan hechos de inmensos sacrificio realizados por amor puro e incondicional, pues está escrito que aquel que se sacrifica puede salvar.

No se trata en forma alguna de adoptar una posición suicida, de mártir, de héroe espectacular, de víctima propiciatoria de un voluntarioso sacrificio humano, o de convertirse en un *kamikaze,* pues todas esas posiciones encubren muchas veces un gran sentido de culpabilidad que busca un supuestamente merecido castigo, o disfraza un grave egocentrismo oculto que anhela el éxito, el aplauso o la inmortalidad.

Los grandes líderes de la historia lo fueron precisamente por su capacidad de sacrificarse, muchas veces de forma silenciosa y anónima por una causa justa. El budismo *mahayana* habla de los *bodhisatvas,* los seres que realizan la "gran renuncia". Llegados al portal del paranirvana —el océano de la luz y de la consciencia universal— realizan, por un acto de amor incomprensible, el voto de no alcanzar la suprema emancipación hasta que el último de los seres atraviese con ellos el umbral de la iluminación.

De no haber realizado esos benditos seres de la más pura luz semejante acto de supremo sacrificio, la humanidad continuaría sumida en la más espantosa de las tinieblas.

Realizar *ukemi* es pues también encarnar, corporeizar y expresar en sí mismo el gran espíritu del *boddhisatva.*

> "Hacedores de aquello que es difícil son los bodhisatvas, los grandes seres que han emprendido la búsqueda de la iluminación suprema. No quieren alcanzar el nirvana para sí mismos. Por el contrario, han recorrido el altamente doloroso sendero de la existencia. Deseosos de alcanzar la liberación suprema, no tiemblan ante el nacimiento o la muerte. Se han puesto en camino para el beneficio del mundo".
>
> *Maha Vairocana Sutra*

Novena Puerta: *AIKI KEN*
Palabra Llave: **Discernimiento**

"*Clara como el cristal,*
aguda y brillante,
la espada sagrada
no admite sitio
para alojar el mal".

Morihei Ueshiba

En el arte del aikido espiritual o iniciático, el sable no es utilizado como un arma sino como un instrumento, tal vez mejor aún como una herramienta de purificación o de *poda del alma.* Es el símbolo de *viveka,* la cualidad de la mente que nos permite discernir entre lo real y lo ilusorio en cada situación externa o interna de nuestras vidas. El *sable del discernimiento trascendente* nos permite separar la ilusión de la verdad y percibir la luz implícita a través del espejismo de *maya*, la gran ilusión cósmica, pues como dice la tradición, la mente es la asesina de la realidad.

A pesar de haber practicado numerosas *ryu* clásicas de espada, Morihei Ueshiba creó su propia escuela de sable impregnada de los aspectos filosóficos, esotéricos y místicos que había estudiado durante toda su vida, y también de sus experiencias espirituales. Llamó a su nuevo estilo, que imita los grandes movimientos y fuerzas sutiles de la naturaleza y del universo, *sho chi kubai,* la escuela de *sable del pino, del bambú y del ciruelo,* símbolos vibrantes de vida que reflejan las energías y aptitudes propias de un verdadero adepto del aikido: lealtad a la vía, no resistencia y belleza espontánea. Al final de sus días diseñó diferentes *kata* (que no llegó a terminar) como el célebre *misogi no ken,* una forma de purificación en la que aparecen todos y cada uno de los grandes principios del aikido.

> "Estudia las enseñanzas del pino, el bambú y la flor del ciruelo.
> El pino siempre está verde, firmemente enraizado y es venerable. El bambú es fuerte, resistente e inquebrantable. La flor del ciruelo es vigorosa, fragrante y elegante".
>
> Morihei Ueshiba

Hideo Takahashi, heredero espiritual de Goi Mashahisa, que fue el gran amigo personal y a veces incluso maestro de Ueshiba en sus últimos años, describe en su libro sobre el sable y el aikido de *O sense*i la experiencia extraordinaria de Morihei de un encuentro con un ser de otro mundo, una suerte de fantasma (*yutai*) o de ser blanco (*shiroi mono*) con el que combatió durante varios días y noches seguidos, y como llegó a verse a sí mismo como un *cuerpo de luz* (*hikari no sugata*), y vio el mundo como sumergido en el *ki* de luz blanca (*byakko noki*):

> "Hacia la una o las dos de la madrugada, descendí al jardín. Estaba de pie con un sable, cuando de forma misteriosa, un fantasma blanco (en realidad otro "yo mismo") apareció de repente. Este ser blanco me hizo frente con el sable. Y fue así como comenzó mi ascesis con el sable. En el instante en que me preparaba para

atacarle, el entraba rápidamente. Como un rayo, su sable penetraba hasta mi vientre o mi pecho. No era capaz de relajar mi atención, aunque solo fuera un poco. Al principio, mi acción era lenta, pero a fuerza de practicar, en el instante en el que el compañero fantasma entraba, le arrebataba su sable de madera con un golpe en su brazo. En ese momento, el blanco fantasma desaparecía. Entonces, cuando llevaba practicando así alrededor de tres días seguidos, si le miraba fijamente, su sable desaparecía. En ese momento, cuando me vi a mi mismo, ya no tenía apariencia alguna. Me dije que debía tratarse de un cuerpo espiritual: era una figura de luz.

Los alrededores estaban llenos de nubes luminosas. Tenía consciencia de mí mismo. Sentía que llevaba mi sable de madera, sin embargo, no era un sable. Solo existía una sola respiración. Esto duró unas dos semanas. Cuando tras unos días de nuevo volví a aquel lugar, ya no había sable ni yo mismo, ni nubes ni luz. Tuve la impresión de subsistir en el conjunto del universo. En ese momento ya no había *ki* de luz banca. El universo, hasta sus últimos límites, era regido por mi propia respiración".

Cuando practicamos convenientemente las técnicas de sable *sho chi-ku bai,* diseñadas o descubiertas de *O sensei* para los monjes guerreros de aikido, debemos hacerlo como una oración con todo el cuerpo, como una plegaria de bendición hacia el mundo, invitando a toda la naturaleza a esgrimir con el alma a la intemperie con nosotros, convocando las fuerzas, y como diría Hiroyuki Aoki *sensei:*

incorporando el universo. Gracias a nuestros movimientos, a nuestra energía, a nuestra compasión, a nuestro corazón esgrimido a través la espada, a nuestra meditación activa, en ese día habrá menos enfermedad, dolor, angustia, guerra y sufrimiento en el mundo. Esgrimamos pues como si fuéramos un sabio chamán *yamabushi* (un monje guerrero de las montañas) cuyo sable tiene solo el poder de *matar la muerte.* ¿Y a que daríamos muerte si tuviéramos ante nosotros a un ser que sufre? El sable sublime de aikido se convierte en un instrumento de sanación, de eliminación del sufrimiento, de iluminación, pues ¡qué mayor sufrimiento para el ser humano, para la vida misma que vivir en las tinieblas existiendo la luz!

En el budismo esotérico shingon, la "espada de discernimiento trascendente" (*riken*) es esgrimida por *Fudo myo o*, fiero guardián del mandala y protector del *dharma.* Divinidad iracunda que con su lazo (*kesaku*), emblema de espacio y del *vacío,* atrapa a los ignorantes y a los insensatos y los conduce, iluminados por su sable ígneo, a los pies de Buda. *Fudo,* el inamovible, que permanece erguido e incólume en medio de las llamas, divinidad armada con el *sable de compasión airada,* a pesar de su fiero aspecto es el defensor de la pureza, de la belleza y de la inocencia. En Japón, junto a Jizo Bosatsu, es el ángel guardián de los bomberos, de los conductores de ambulancia, de los que arriesgan sus vidas por los demás y de los niños, a cuyos pies depositan ropas, juguetes y dulces. *Fudo* es también el equivalente al temible guardián del umbral de la tradición esotérica occidental, la propia consciencia luminosa que impide el paso a la mente no purificada.

"Querer sacar el sable es la técnica del principiante.
Poder sacar el sable es la técnica del experto.
Ser el sable mismo es la técnica del maestro".

Risuke Otake

Gorō Nyūdō Masamune, quien es considerado como el mejor forjador de la historia de Japón, era un sacerdote que vivió entre 1264 y 1343 y se dice que fue el verdadero propulsor y reformador del arte de la forja de sables. Masamune era un gran artista, un excelente ser humano de carácter humilde, bondadoso, espiritual, compasivo y alegre. Sus sables, de extraordinaria calidad y perfecto acabado, eran una verdadera bendición para sus propietarios pues tenían la reputación de no salir de su funda si no era absolutamente inevitable, y de conceder la victoria sin violencia, atraer la buena suerte, y una próspera y larga vida a sus propietarios, por lo que eran considerados como auténticos talismanes.

Por el contrario, los sables forjados por su discípulo, Sengo Muramasa, de carácter difícil, violento, iracundo, intransigente, vengativo, celoso, vanidoso y orgulloso, aunque también de excelente manufactura, eran una auténtica maldición para sus dueños, reputados como portadores de infortunio y mala suerte. Las leyendas decían que salían solos de su funda, que provocaban combates y duelos, que atraían la desgracia y que a menudo acortaban la vida de sus incautos y desdichados propietarios, que solían terminar sus días de forma trágica. También se decía que impulsaban a sus portadores a cometer tropelías, asesinatos o suicidio.

Por desgracia, en ocasiones ambos sables se asemejaban tanto, que a simple vista era imposible saber de quién procedían, y a veces, se dice, no llevaban la firma de forjador. Para comprobarlo, se sumergía la hoja en un arroyo y se dejaban caer pétalos de flor de loto. Si el sable había sido forjado por Goro Masamune, los pétalos esquivaban suavemente el filo y seguían su curso; si por el contrario era una obra de Sengo Muramasa, se precipitaban por sí solos hacia la hoja y se hacían cortar en dos.

Esta leyenda trajo al mundo de las artes marciales el importante concepto espiritual de *katsujin ken,* el sable que da la vida, y de *katsujin to,* el sable que la arrebata, una enseñanza que nos habla de la impregnación de nuestro *ki* y de nuestro *kokyu* en todo lo que creamos, hacemos, pensamos, decimos o somos.

> "Los principiantes deben tener presente que si esgrimen el sable con odio dentro de sí mismos, este se convierte en *satsujin to,* un instrumento de muerte. Es solamente cuando el hombre de sable se entrena con un corazón y un espíritu justos que el sable que maneja deviene un *katsujin ken,* un sable que da la vida y que no la arrebata".
>
> Risuke Otake sensei

Mi querido maestro, Michel Coquet decía a menudo que en el verdadero arte de la espada no tiene como objetivo dividir en dos un haz de paja trenzada, sino de algo mucho más difícil: *cortar las raíces profundas del propio ego.* Todas las ilusiones, los apegos y las cadenas de hierro o de oro que aprisionan al hombre en el abismo de la ignorancia, han de ser destruidas por la espada del *discernimiento trascendente.*

Al estado del ser de no identificación, de disolución de los espejismos del yo exterior, de unidad del yo profundo en la acción, lo llaman *fudoshin,* es decir, la inmutabilidad, la calma y la serenidad en la acción justa, que abre para nosotros los portales del corazón vibrante del misterio.

O sensei esgrimía su sable de luminiscencia desde el alma, desde el yo profundo, desde el corazón secreto; hacía uso de la espada sagrada como un instrumento de poda del alma, de purificación (*misogi*) y de elevación y expansión de la mente. Su sable de compasión airada era hijo legítimo de su sufrimiento, de su amor lúcido, de sus progresivas experiencias de despertar y de iluminación. Su esgrima del ser no provenía de su ego, de su ira o de su miedo, que habían quedado atrás mucho tiempo antes, calcinadas o diluidas por la experiencia del fuego de amor divino y el despertar del corazón de compasión.

> "De mi corazón surgió un reconocimiento piadoso hacia todas las cosas y los seres del universo, hasta la más humilde de las criaturas que son todas manifestaciones del trabajo del origen único del universo. Comencé a llorar. En ese momento, detuve el entrenamiento de *aiki.* Solo quedó el método de sable *sho chiku bai,* que entonces adquirí. Este nuevo (*aiki*) es el rito de purificación del universo, el deber del la vía del ser humano".
>
> Morihei Ueshiba

Recordemos que el maestro Ueshiba traducía el ideograma ai como amor puro, pero el amor de *O sensei* era la poderosa energía que mueve el universo y los mundos, dentro y fuera de nosotros. Por ello *O sensei* siempre recomendaba *esgrimir desde el corazón* o *proyectar el amor espiritual a través del sable.* Pero, naturalmente, no solo el aikido de Morihei ha sido el heredero de los grandes preceptos de paz, armonía y no violencia legados por los maestros del pasado. Otros raros expertos y maestros, a veces solamente uno por siglo, escalaron la misma montaña santa y encontraron una misma sempiterna verdad.

Morihei no aceptaba el uso de sables *katana,* y que este fuera utilizado junto a los movimientos de aikido, pues creía que estos debían expresar siempre cualidades de creación, belleza, alegría, paz, justicia y libertad. El sabía que las *kata* o forma del sable clásico, reflejaban muchas veces ideas de astucia, de estratagema, de ejecución, de muerte y en ocasiones de asesinato. Es evidente que las técnicas de espada de los samurái habían sido diseñadas para matar, para crear sufrimiento y traer desgracia, y el aikido de Morihei estaba en las antípodas de esas ideas malignas, oscuras, brutales y salvajes, ya que era la expresión del ideal santo de la armonía celestial y de la creación constante. Y para ello diseñó un tipo de sable muy pesado, sin punta, como símbolo de no ofensa y no violencia, llamado *bokutoh,* que obliga a practicar con movimientos relajados, fluidos y expansivos, que conduce a expresar un *ki* suave, dulce, ligero y extenso, y a *dejarse llevar por la espada,* como ya descubrieron y enseñaron los grandes maestros como Harigaya Sekiun, Lizasa Choisai Ienao o

Yamaoka Tesshu. El sable, instrumento y símbolo de muerte, de ignominia, de destrucción y de inmenso sufrimiento, por el proceso de la fragua y templado que los maestros asimilan a la obra alquímica del alma, deviene espada *sátvica,* sable de gloria (*eiko no ken*), de ascesis (*shugyo no ken*), arma luminosa (*hikari no ken*), espada de luz blanca (*byakko no ken*) y, por fin, sable de inmutabilidad trascendente (*riken*).

El símbolo vivo del sable de discernimiento nos asiste en el sendero de la evolución y del despertar en el mismo camino de la vida de cada día, en el sendero de purificación y de reintegración en la obra divina que llamamos vivir, por medio de la fragua y del templado, de la alquimia sutil del ser, maestros del vivir consciente, de nuestro destino como seres libres, *tatsujin* u "hombres sable" seguidores del *tao.*

El sable, entonces, se metamorfosea en arma de luz, en herramienta privilegiada con el don del discernimiento, capaz de atravesar, de destruir el *maya,* el gran espejismo cósmico, más allá del instinto, del pensamiento, del razonamiento, hacia el universo sutil de la intuición, inspiración y revelación y, por fin, de la iluminación.

Sable luminiscente que es también *espada de compasión airada,* esgrimida por los grandes protectores el *dharma,* por los dioses y por los ángeles, emblema de la fuerza heroica del corazón que nos permite adentrarnos en los oscuros bosques de la ignorancia y de sus consecuencias, el dolor y el sufrimiento de los hombres atormentados, perdidos pero, sobre todo, desamparados, divididos de su unidad fundamental, y rescatar a los seres sufrientes del abismo lúgubre de la tristeza, de la desolación y del infortunio.

La práctica del *sable de discernimiento* trascendente que atraviesa las tinieblas de la ignorancia, del temor y del deseo, que rasga el *maya,* nos ayuda a encontrar en cada situación humana el *centro perfecto.* Su imagen recta y ascendente nos señala constantemente el sendero *dhármico* de la rectitud, de la paciencia, de la firmeza, de la lealtad al espíritu del universo, al extremo mismo de la muerte. El sable luminiscente nos habla de resolución, de firmeza en el sendero y nos muestra también cómo reducir cada instante a su mínima expresión. El tajo poderosamente vertical en la inmediatez total, en la absoluta presencia en el instante, nos muestra siempre, ante la duda, ante el infortunio, ante una decisión vital, el recto camino del *dharma,* del bien supremo que debemos defender absolutamente hasta el límite de nuestra muerte, como nuestra obligación fundamental como buscadores de la verdad y como guerreros espirituales.

El aquí y ahora del sable nos hace ver con cada tajo que solo cuenta el momento presente, que el pasado es una imposibilidad y el futuro una impotencia. *O sensei* enseñaba que siempre había que practicar el aikido en la inmediatez del aquí y del ahora. Definía esta situación interior con la frase *¡katsu hayabi!: la victoria absoluta en el ahora, el esplendor de la revelación en el instante.* El sable de aikido nos enseña que todo está aquí mismo, en el lugar y el instante en que nos encontramos. Todos los maestros, todos los sabios, todos los patriarcas, los emisarios divinos (*amakudaru*) como *O sensei* u Onisaburo Deguchi, los grandes meditadores, los *sadhakas,* los ascetas y las miríadas de buscadores espirituales que nos precedieron en la vía, están aquí y ahora, a nuestro lado, ayudándonos, inspirándonos y protegiéndonos en nuestra valerosa ascensión a la santa montaña.

> "¡Shokushin Jobutsu!
> Ser como un Buda, en esta misma vida,
> con este mismo cuerpo".
>
> Kobo Daishi

El despertar, la revelación, el *recuerdo* de nuestra verdadera naturaleza, como dice el budismo, está aquí y ahora, no en galaxias lejanas, ni en un futuro incierto, ni en estados estáticos de la mente, sino como una extraordinaria posibilidad que existe en el presente. ¡El sable de la verdad deshecha el miedo, la vacilación y el temor! Es emblema de la fuerza interior, del poder del alma, de la absoluta fe en el espíritu, con la cual puede vencerse cualquier obstáculo. En el camino del sable no existe lugar para la debilidad, el desánimo o la desilusión, pues es el símbolo vivo del valor del corazón intrépido que derrota a los enemigos de la luz.

Objeto iniciático por excelencia, joya preciosa, instrumento de poda del ego, transmisor de poder revelador e iniciador, el sable es emblema del puro discernimiento, de la *verdadera victoria* (*masakatsu*), la *victoria sobre sí mismo* (*agatsu*) en el *esplendor del aquí y del ahora* (*katsu ayabi*). Es la luz que hace extinguirse a las tinieblas, la gran iluminación de todos los budas y los *kamis,* la atronadora voz de la verdad *dhármica* que elimina el sufrimiento del mundo.

Que el sable sagrado nos evoque el resto de nuestras existencias la luz y el omniabarcante poder del alma inmortal. Y a su vez, transmitir a los jóvenes, a los más vulnerables, los misterios que ese símbolo sagrado evoca en el inconsciente de los seres humanos: el valor, la humildad, la verdad, la justicia, la pureza, la alegría, la belleza y la libertad.

La verticalidad, la pureza, la belleza y la inocencia del sable de compasión, del sable iridiscente que aclara e ilumina el camino, que atraviesa el *maya,* nos señala *el sendero de retorno a casa,* nos dirige hacia ese hombre universal embriagado de eternidad que desde la aurora de nuestros días nos aguarda en los confines de un universo paralelo.

> "¡He aquí el aikido de Ueshiba!
> Con un movimiento de mi sable reúno toda la fuerza vital del *ki.* Es el sable del pasado, del presente y del futuro. Cuando lo esgrimo absorbo la energía del universo y la condenso en ese instante. Tengo a la vez el pasado y el futuro y soy dueño del infinito. Ya no hay tiempo ni espacio. Mi vida, como toda vida, que comenzó al principio de la creación, hasta hoy, está contenida en este sable. Es la razón dinámica del infinito. He aquí el sable de la vida eterna".
>
> Morihei Ueshiba

Décima Puerta: *AIKI BO*

Palabra Llave: **Impermanencia**

El *bo,* el bastón de peregrino, nos recuerda en el mandala de aikido que estamos solamente de paso sobre esta tierra, que todo es absolutamente inestable e impermanente, y que nuestra vida es un constante errar en la santa búsqueda del recuerdo de nuestra verdadera naturaleza. Nos habla de la necesidad de vivir la vida segundo a segundo, como los granos de arena que caen lenta pero inexorablemente del reloj invisible que en el corazón marca el ritmo de nuestra vida en este mundo. El bastón (*bo* o *jo*) nos habla a silenciosos gritos de la necesidad del abandono del fruto de la acción y nos enseña vivir esta vida como si fuera una peregrinación desde sí mismo hacia el Sí Mismo.

Es la vía del *sannyasa,* de aquel que ha hecho el voto del *renunciante,* que viste de color naranja, como el sol que alumbra, sostiene, nutre y calienta, y que a veces también quema y deslumbra, y todo lo da sin discriminación alguna y sin pedir jamás nada a cambio. Un *sannyasin* puede permanecer tres días como máximo en el mismo lugar, y si cae enfermo no puede contar con otra medicina o ayuda que la *providencia* ya que pone su vida entera en manos de Dios.

Aquel que hace el voto sagrado y definitivo de *sannyasa* conservará para el resto de su existencia unas pobres propiedades: un bastón, el *danda,* restos de un árbol abatido pero que reverdecerá en las manos del peregrino y dará innumerables y salutíferos frutos para todos los seres. Un bol para las limosnas y para el pingüe alimento, el *patra,* símbolo del vacío, pero también de la buena medicina del *dharma,* la sabiduría que confiere el discernimiento. A veces una escudilla metálica para sus abluciones rituales, el *kamandalu.* Unas sandalias, *padurka,* hechas de madera de sándalo, el aroma de la liberación. Un rosario de ciento ocho cuentas de semillas de rudra, (el *rudracksa,* que simbolizan los ojos de Rudra Siva, el destructor o transformador de las formas. Y una túnica de monje, sin costuras, el *kavi,* amarillo, rojo o anaranjado, colores solares que le recordarán cada día su compromiso de adoptar una aptitud solar, y que le servirá de sudario cuando sea arrojado a las aguas de un río santo o dejado a la deriva de la intemperie tras su muerte, habiendo renunciado también al sepelio y a la memoria de su paso por esta tierra y a la incineración.

El bastón no es una espada, cuando el adepto del aikido o el buscador espiritual lo coge con sus manos, deja de ser un guerrero y se convierte en un monje, en un peregrino, en un asceta itinerante. Con sus dos extremos y sus movimientos circulares, el bastón nos dice que en esta vida, en esta dimensión de consciencia, cada causa tiene un efecto, cada acción genera una reacción. Es la ley inexorable del *karma,* principio cósmico de causa y de efecto. Todas las cosas vuelven en el devenir del tiempo y siempre existe una segunda oportunidad de rectificar los errores y de anular el *karma* de eones de evolución. Los pensamientos, las palabras y los actos generan reacciones en el tejido cósmico que ineluctablemente vuelven a su origen, como las ondas generadas por una piedra arrojada al centro de un estanque.

Herramienta de ascetas, de peregrinos, de ancianos, es apoyo y compañero en la senda y emblema de *impermanencia.* Nos recuerda que todo, absolutamente todo nos será quitado, la juventud, la salud, a los seres queridos, a los amigos y a los enemigos, aquello que amamos y que detestamos, y que finalmente estaremos solos ante el misterio insondable del universo. Pero no es una tragedia ¡qué felicidad, qué alegría, qué júbilo ser liberado, por fin, de las ataduras del cuerpo, de la mente y de las tendencias e inercias subconscientes! La vida de *sannyasin* es feliz, pues ha renunciado a su yo efímero, a su ego, y esa aptitud heroica del intrépido corazón abre de par en par las puertas de la liberación.

En adelante, aún viviendo su vida de cada día, sin apartarse de su prójimo, viviendo en el mundo pero no siendo del mundo, el renunciante adoptará una aptitud solar, será una bendición para cuantos se le acerquen, calor, luz, ternura y consuelo, y lo dará todo sin pedir jamás nada a cambio. El bastón, símbolo de la impermanencia y de la renuncia, nos enseña a adoptar hacia la vida y los demás esa aptitud luminosa, filosófica, compasiva, poética, desapegada, bendita y cálida, sabiendo que esta vida es un sueño, una ilusión, una proyección de estados de consciencia. *¡Sic transit gloria mundi!* ¡Es así como pasa la gloria del mundo! Imagen de la vacuidad, de lo efímero de todo cuanto existe, el bastón, en su espiral ascendente y descendente, en su capacidad para crear espacio, nos enseña el sentido de la trascendencia y de la universalidad.

El bastón de la *impermanencia,* imagen de la existencia como una peregrinación, está ahí para recordarnos que nuestra vida puede terminar en cualquier momento y que cada instante es un tesoro precioso, una flor rara pero perecedera que debemos atrapar al acaso de una oportunidad única.

> "Arroja lejos de ti los pensamientos que te limitan y regresa a la verdadera vacuidad. Sitúate en medio del gran vacío. Este es el secreto del camino del guerrero".
>
> Morihei Ueshiba

¡Cuán añorado, cuán necesario es, hoy en día, resucitar el ideal del caballero andante, del monje guerrero, el adorado *dharma shatrya,* defensor del inocente y azote del truhán! Es el sendero heroico del *sannyasin* o renunciante de la India, del derviche errante del sufismo, o del *peregrino* de la tradición iniciática occidental.

El bastón es el amigo fiel del hombre errante en la más santa, en la más elevada, en la más feliz, en la más dolorosa, en la más arriesgada de todas las peregrinaciones: la conquista de sí mismo. Arma poderosa en el combate contra el egoísmo, nos evoca la eterna pregunta del buscador, del hombre errante: ¿quién soy? Y todo en el universo que circunda al peregrino, al monje guerrero, el canto de los pájaros, el susurro del viento, las olas del mar, la luz del amanecer, la risa del niño, el llanto, el grito, el silencio de los hombres, responde a su llamada, canta y proclama en respuesta para el que sabe escuchar. *Sannyasin* di *¡Om tat sat!* ¡Tu eres eso!

Undécima Puerta: *MISOGI*
Palabra Llave: **Purificación**

La única cura para el materialismo es purificar los seis sentidos: vista, oído, sabor, olfato, cuerpo y mente. Si los sentidos están atascados, entonces la percepción está nublada. Eso crea desorden en el mundo y es el peor de todos los males. Purifica el corazón, libera los seis sentidos y permite que funcionen sin obstrucciones, el cuerpo y el alma resplandecerán.

Morihei Ueshiba

Misogi o purificación, es una etapa fundamental en el entrenamiento de aikido y las otras artes marciales, aunque todas las anteriores puertas del mandala son en realidad formas de *misogi* del cuerpo, de la mente o del corazón. Cierto es que aikido y *misogi* son sinónimos, según la enseñanza de *O sensei,* quien daba a esta puerta la más grande importancia.

Misogi es purificarse, limpiarse, reverdecer por fuera y por dentro. En el camino real del sable que equivaldría al concepto espiritual de *tanren,* la forja del alma comparada con la de la hoja de un sable realizado por las manos de un maestro forjador. *Misogi* es limpiar el ser de la herrumbre y de las impurezas que impiden que el filo brille con la pura luz del ser. Realizar *tanren suburi,* la repetición de millares de tajos de sable o de bastón, es forjar el espíritu y el corazón como se purifica y se forja el metal bruto que por la implacable repetición de la inmersión en las heladas aguas de la realidad y el templado en el fuego del corazón, deviene un instrumento de iluminación. El *sensei* (maestro) que previamente se ha forjado a sí mismo o ha sido forjado por su iniciador, deviene a su vez el forjador del discípulo en una cadena iniciática ininterrumpida desde hace miles de años sobre esta tierra.

El *dojo* de la vida se transforma así en la fragua, y el agua santa del espíritu en vehículo privilegiado de purificación por la gracia de la divinidad. *Misogi* es hacerse asequible, accesible, alcanzable por esa bendición espiritual, por el proceso de la práctica constante de la vía con un sentido hondamente trascendental. De esta forma, todo el sufrimiento, todas las pruebas de la vida del discípulo han de ser considerados como *misogi.* La hoja ha de volver blanca a su funda, sin mácula, liberada de todo *karma* por el incesante martilleo en la hoja calentada al blanco puro y por la inmersión en el agua sagrada. Infinito recomienzo que enseña la gran virtud de la renuncia y de la paciencia. Todo ello hace del hombre común un hombre realizado, un héroe espiritual, un *tatsujin,* un "hombre sable", que es calor y luz para el mundo y para sí mismo. Un ser humano despierto y consciente que puede detener el mal, hacer huir al miedo, acabar con la enfermedad y con el sufrimiento de los seres, en todos los niveles de consciencia.

La desnudez del ser, la perfecta apertura, la poderosa vulnerabilidad, la entrega sin reservas al misterio mismo del yo superior —el *morador interior*— del ser oculto y recóndito que existe en el centro del corazón secreto, aporta la verdadera iniciación, la muerte del ego en vida y el renacimiento.

Existen dos formas fundamentales de *misogi:* el que *nosotros hacemos* o realizamos por nuestros propios esfuerzos en la lucha por el avance espiritual, y el que *nos es hecho* por la energía o inteligencia de la vida por medio de las pruebas, de las reacciones kármicas, del dolor, el sufrimiento, la alegría o la dicha que generamos con nuestros pensamientos, palabras y actos, y sobre todo, por la interacción con el mundo que nos rodea, por la fricción de los egos.

Podemos purificar el cuerpo físico, etérico y mental, por un tiempo, pero siempre vuelven las antiguas inercias o tendencias, generadas por nuestras deudas kármicas o por las fijaciones en la consciencia (*samaskaras*) y sus tendencias subsecuentes (*vasanas*). Podemos limpiar nuestros cuerpos por la inmersión bajo las heladas cascadas, por el ayuno o la alimentación vegetariana, por la repetición incansable de letanías y *mantras,* por el silencio de los labios y la elocuencia de los actos, por la meditación luminosa y expansiva, por la ayuda sincera a los demás. Pero todo ello sirve de muy poco sin la verdadera purificación que proviene del corazón, por un intenso anhelo por la liberación de todas las formas de existencia, por el perdón a sí mismo y a los demás, por un deseo vehemente de alcanzar el mundo divino, de retornar al origen. Por una infinita y a menudo dolorosa empatía y compasión hacia los seres sufrientes.

> "La unificación del cuerpo y el espíritu por medio del Arte de la Paz es tan sublime, que te hará llorar de alegría".
>
> Morihei Ueshiba

En este sendero de purificación se ofrecen muchas formas de ascesis, periodos de silencio, retiros en la naturaleza, en la soledad de las cimas y de los bosques, donde entregarse al control de los deseos, al desapego, el ascetismo, la meditación, las abluciones y otras técnicas ascéticas. Pero esa purificación es excesivamente sencilla, ya que el *misogi* verdadero es limpiar el corazón de todo mal pensamiento, de todo deseo egoísta, de todo temor, de toda duda, de toda ira, de todo resentimiento, de toda tendencia del ego.

Misogi, la purificación de la mente y del corazón, es una etapa ineludible en el sendero espiritual de cada ser humano, pero sobre todo en el arte del aikido o de de la espada. No se pueden alcanzar etapas superiores de práctica sin pasar por un periodo prolongado de *misogi.*

Los grandes maestros el aikido, sobre todo los pertenecientes a la célebre primera generación, que eran fuertes, cultos, pobres de solemnidad, pero apasionadamente enamorados de la vía según las enseñanzas de *O sensei,* como Shirata Rinjiro, recomendaban practicar *misogi* antes que cualquier otra técnica espiritual e incluso a la vez que las técnicas de aikido. Consideraban que el aikido era una forma perfecta de *misogi* si se realizaba con un objetivo trascendental. Shirata *sensei* recomendaba preliminarmente estudiar los *dobun* o *Escritos de la Vía* y los *doka* o *Cantos del Camino* del fundador, pletóricos de *kokyu,* de grandeza de alma, a la vez que se entrenaba una práctica física.

> "El único pecado verdadero es ignorar los principios universales y eternos de la existencia. Esa ignorancia es la raíz de todo mal y todo comportamiento descarriado. Elimina la ignorancia mediante el Arte de la Paz e incluso el infierno se vaciará de almas torturadas".
>
> Morihei Ueshiba

En la India védica, Patanjali, el gran compilador de la doctrina yóguica, establecía las ocho etapas del yoga (*yogamarga* o *samadhi pada*) partiendo de la pureza de carácter (*saucha*) y la no violencia (*ahimsa*), como portales ineludibles antes de entregarse al más simple ejercicio de respiración (*pranayama*) o posturas físicas (*asana*), sin lo cual estas prácticas distan mucho de ser inocuas y pueden resultar muy dañinas.

> "A fin de purificarte, debes eliminar todas las ponzoñas externas, liquidar todos los obstáculos de tu camino, apartarte del desorden y abstenerte de pensamientos negativos. Eso creará un estado de ser luminoso. Esa purificación te permite regresar al principio, donde todo es fresco, luminoso y prístino, y donde podrás de nuevo observar la resplandeciente belleza del mundo".
>
> Morihei Ueshiba

En sánscrito, purificarse es *tapasya,* realizar ascesis, prácticas ascéticas o *tapas. Tap,* tiene su origen la palabra *arder* o *calentarse.* Su sentido profundo nos habla de ardor y de brillo. *Tapas shakti* es la energía o brillo espiritual derivada del ascetismo y de la renuncia que irradian los verdaderos maestros, los santos y los grandes iniciados.

Es un *ki* dorado de calor fecundo y engendrador de vida que vuelve la mirada pura e infantil e incluso devuelve a la piel un aspecto brillante y húmedo, como los niños. *Tapas* no tiene ninguna connotación negativa de masoquismo, autocastigo o de martirio, sino que permite alcanzar la suprema alegría y la belleza del hombre despojado de sus inercias materiales o animales.

> "La esencia del Arte de la Paz es limpiar el camino de toda maldad, sintonizarse con el entorno y despejar el sendero de todo obstáculo y barrera".
>
> Morihei Ueshiba

Misogi, como la vía del renunciante o *sannyasin,* en la era actual ya no nos insta a retirarnos en la espesura del bosque, en la gruta, en el desierto, el monasterio o el *ashram,* por algún tiempo, sino a amar sin pedir nada a cambio, a dar la vida por los demás, a dar de nosotros hasta donde duela dar, sin reservas, heroicamente, sabiendo que ese amor puro nos vincula con el centro del universo, con el corazón secreto, con el manantial del *ki* supremo, con la fuente del bien, de lo cierto y de lo bello, con la herencia divina en nosotros y fuera de nosotros. No se trata de cambiar de cuerpo, de forma de vida, de país, de familia, sino de cambiar nuestra forma de mirarlos, de ver el mundo que nos rodea con los ojos del alma. *Misogi* nos acerca finalmente al centro del mandala, nos acerca a Dios.

Duodécima Puerta: *KAMI WAZA*

Palabra Llave: **El despertar**

Únete al cosmos y el pensamiento de trascendencia desaparecerá. La trascendencia pertenece al mundo profano. Cuando desaparece todo rastro de trascendencia se manifiesta la verdadera persona, el ser divino. Vacíate y permite que funcione lo divino.

Morihei Ueshiba

Kami waza, es la técnica divina, es la inspiración creativa, la expresión final, visible y palpable de sin *kokyu,* del verbo creador. *Kami waza* es la suprema libertad de crear, de existir y de ser. Todas las técnicas de Morihei Ueshiba en sus últimos años eran *kami waza,* expresiones de la luz divina hechas técnicas visibles, como cartas de navegación para el náufrago cósmico que somos cada uno de nosotros.

En una ocasión, un fotógrafo que realizaba un reportaje sobre *O sensei* y el aikido, quedó tan asombrado por lo que veía, que pidió a Morihei repetir de nuevo todas esas técnicas. Este le respondió: ¡Nunca! ¡Jamás volverán a repetirse estas técnicas!

Aiki o kami, divinidad protectora del universo y ángel guardián del aikido nos señala el sendero de la confianza, de la fe sin reservas en la belleza, la armonía y la sabiduría de la inteligencia cósmica. Esa fe inexpresable, irracional que posee el hombre iluminado, el buscador de Dios, poseído por un amor incomprensible para el profano, un amor humanamente loco pero divinamente cuerdo, basado en la intuición íntima y profunda de la realidad de nuestra alma.

Aiki o kami invoca al espíritu de la gran compasión, de la misericordia absoluta de la divina madre universal; evoca para nosotros en el instante solemne todo cuanto es bello, justo y bueno en el universo, pues abraza, protege y nutre la vida con infinita ternura. Energía luminosa, presencia benéfica, perdón infinito, amor infinito, belleza infinita, alegría infinita, paz infinita, vida infinita, benevolencia infinita, compasión infinita y ayuda infinita.

Intermediario entre los seres conscientes y la divinidad, *aiki o kami* es el espíritu mismo de la amorosa protección del *ki* supremo, derramando sin cesar, como lluvia de luz, la desmesura del amor divino hacia toda la creación.

Aiki o kami nos enseña a confiar, absoluta y ciegamente, ocurra lo que ocurra, llegue lo que haya de llegar, en el poder infinito de la bondad, de la compasión, del perdón, del sacrificio del ego en el altar del amor incondicional, que nos pone en contacto invisible pero directo con el secreto manantial de la vida divina en el universo.

> "Cuando haces una profunda reverencia al cosmos este te la devuelve; cuando pronuncias el nombre de Dios, este resuena en tu interior".
>
> Morihei Ueshiba

Kami waza, las técnicas de transmisión celestial o de inspiración divina, nos remiten al sentido sánscrito de *avatar* del hinduísmo, descendido de *arriba en beneficio de abajo,* y nos recuerda que *O sensei* era un *amakudaru,* un *mensajero celestial* enviado por el supremo *ki,* cuya misión era establecer el reino de la paz en la tierra, y por tanto el aikido es *tenshin shoden,* una enseñanza recibida directamente de la divinidad, no inventada ni creada por los hombres, sino descubierta y revelada al mundo por Morihei Ueshiba como un tesoro de infinito valor.

Hemos llegado al corazón secreto del *mandala de aikido.* Este es un momento extraordinariamente importante en la vida de un buscador o de un artista marcial en cualquiera de las vías de creación, en que debe absolutamente abstenerse de seguir un método, una forma estructurada o una tecnología, y escuchar únicamente el latido del amor de *aiki* que resuena en su alma y en todo el universo, y crear formas cada vez más evolucionadas y libres a partir de su propia intuición, de su inspiración y de su progresiva iluminación. En adelante podrá afirmar con lealtad a la vía marcada por *O sensei* que su aikido mana de su propia alma, de su corazón despierto, de su mente lúcida, de su cuerpo unificado con la naturaleza y el infinito. Seguirá así, hasta el final de sus días y más allá, fiel a sí mismo y a su propio sendero, en libertad, alegría, belleza, justicia, amor e intrépida compasión.

> "¡Despojaos de vuestra escoria, quitaos las sucias vestiduras de vuestro espíritu; abrid vuestro corazón a la evolución celeste y brillad!".
>
> Morihei Ueshiba

Epílogo

El samurái y la espada de la invulnerabilidad

En una ocasión, un fiero samurái escuchó hablar de un asceta que vivía en el profundo bosque que rodeaba una montaña sagrada. Se decía de él que poseía el don de materializar de la nada una *espada de invulnerabilidad* que le concedía la victoria sobre cualquier adversario.

El samurái escaló la montaña y no tardó en encontrar al asceta. Orgulloso de su *ki* y de su habilidad con la espada, le preguntó al monje: *¿Es cierto que eres capaz de materializar un sable que concede la invulnerabilidad?* El anciano, observándole atentamente, le respondió haciendo aparecer de la nada la misteriosa espada. Asombrado, el espadachín intentó esgrimirla impetuosamente, pero el monje lo detuvo con un gesto: *¡Detente, insensato, si la tocas ahora, morirás!* Algo turbado, el samurái retrocedió unos pasos. El ermitaño le dijo entonces: *si de verdad quieres poseer esta espada, debes hacer cuanto yo te diga. Tienes que volver al mundo y durante veinte años, practicar la gratitud, el valor intrépido, la compasión y la protección hacia todas las criaturas, entregarte a largas horas de profunda meditación cada día hasta que recuerdes tu verdadera naturaleza. Deberás desarrollar un gran discernimiento, purificar tu mente, tu cuerpo y tu corazón, peregrinar a lugares sagrados y a los pies de los santos. Cantar cada mañana y cada tarde el*

Sutra del Corazón, *llevar una vida sobria, casta, austera, huir de los combates y de los placeres del mundo; ser caritativo, hasta con tus enemigos, asumir las peores tareas, los penosos trabajos que los demás rechacen y dedicarte en cuerpo y alma a purificar tu mente y tu espíritu. ¡Olvídate de ti mismo y sé una bendición para cuantos se te acerquen! Si lo haces, podrás volver aquí y materializaré para ti la espada de invulnerabilidad.*

El samurái comprendió y guardó silencio. Descendió de la montaña y durante largos veinte años se consagró a poner en práctica los consejos del monje. Transcurrido ese tiempo, volvió a la montaña y encontró sentado al asceta. El anciano le miró profundamente. El rostro del samurái, arrugado, reflejaba el paso de los años. Sus cabellos encanecidos brillaban bajo la luz de la luna y sus párpados pendían, tal vez de tanto llorar. Sus ojos, esa mirada otrora vehemente, que antaño reflejaban el deseo, el orgullo de casta y a menudo la cólera que caracteriza a los hombres de armas, a los guerreros, expresaba ahora una serena espera, una compasión cálida, una trémula ternura y la profundidad abismal del alma. Sin mediar palabra, el anciano monje materializó la mágica espada de invulnerabilidad que brilló iluminando la noche, y se la entregó al samurái. Este, desapegadamente, la sostuvo entre sus manos un instante y sonriendo se la devolvió al monje diciendo: *¡ya no la necesito!*

¡Kannagara tamashi haemase!
¡Me mantendré leal al espíritu del universo!

Oración de Morihei Ueshiba

Nuestras colecciones

Guías para todos aquellos que deseen ampliar sus conocimientos sobre asuntos específicos, grandes personajes, épocas, culturas, religiones, etc., ofreciendo al lector una amplia y rica visión de cada una de las temáticas, accesibles a todos los lectores.

Guías para gestionar con éxito un negocio, vender un producto, servicio o causa o emprender. Pautas para dirigir un equipo de trabajo, crear una campaña de *marketing* o ejercer un estilo adecuado de liderazgo, etc.

Guías para optimizar la tecnología, aprender a escribir un blog de calidad, sacarle el máximo partido a tu móvil. Orientaciones para un buen posicionamiento SEO, para cautivar desde Facebook, Twitter, Instagram, etc.

Guías para crecer. Cómo crear un blog de calidad, conseguir un ascenso o desarrollar tus habilidades de comunicación. Herramientas para mantenerte motivado, enseñarte a decir NO o descubrirte las claves del éxito, etc.

Guías prácticas dirigidas a la salud y el bienestar. Cómo gestionar mejor tu tiempo, aprenderás a desconectar o adelgazar comiendo en la oficina. Estrategias para mantenerte joven, ofrecer tu mejor imagen y preservar tu salud física y mental, etc.

Guías prácticas para la vida doméstica. Consejos para evitar el *cyberbulling*, crear un huerto urbano o gestionar tus emociones. Orientaciones para decorar reciclando, cocinar para eventos o mantener entretenido a tu hijo, etc.

Guías prácticas dirigidas a todas aquellas actividades que no son trabajo ni tareas domésticas esenciales. Juegos, viajes, en definitiva, hobbies que nos hacen disfrutar de nuestro tiempo libre.

Guías para aprender o perfeccionar nuestra técnica en deportes o actividades fisicas escritas por los mejores profesionales de la forma más instructiva y sencilla posible.

Participa en el **Club GuíaBurros** para estar informado de las últimas novedades editoriales y disfrutar de las ventajas, promociones y condiciones especiales de los socios de nuestro club.

Puedes encontrar toda la información en:

www.guiaburros.es
www.editatum.com

Puedes seguirnos también en Youtube y en nuestras redes sociales:

facebook.com/guiaburros

www.youtube.com/c/GuíaBurros

@ guia_burros

@guiaburros

Libros para crecer

www.editatum.com

www.ingramcontent.com/pod-product-compliance
Lightning Source LLC
LaVergne TN
LVHW101945220826
846093LV00006B/111

* 9 7 8 8 4 1 2 4 5 3 5 8 4 *